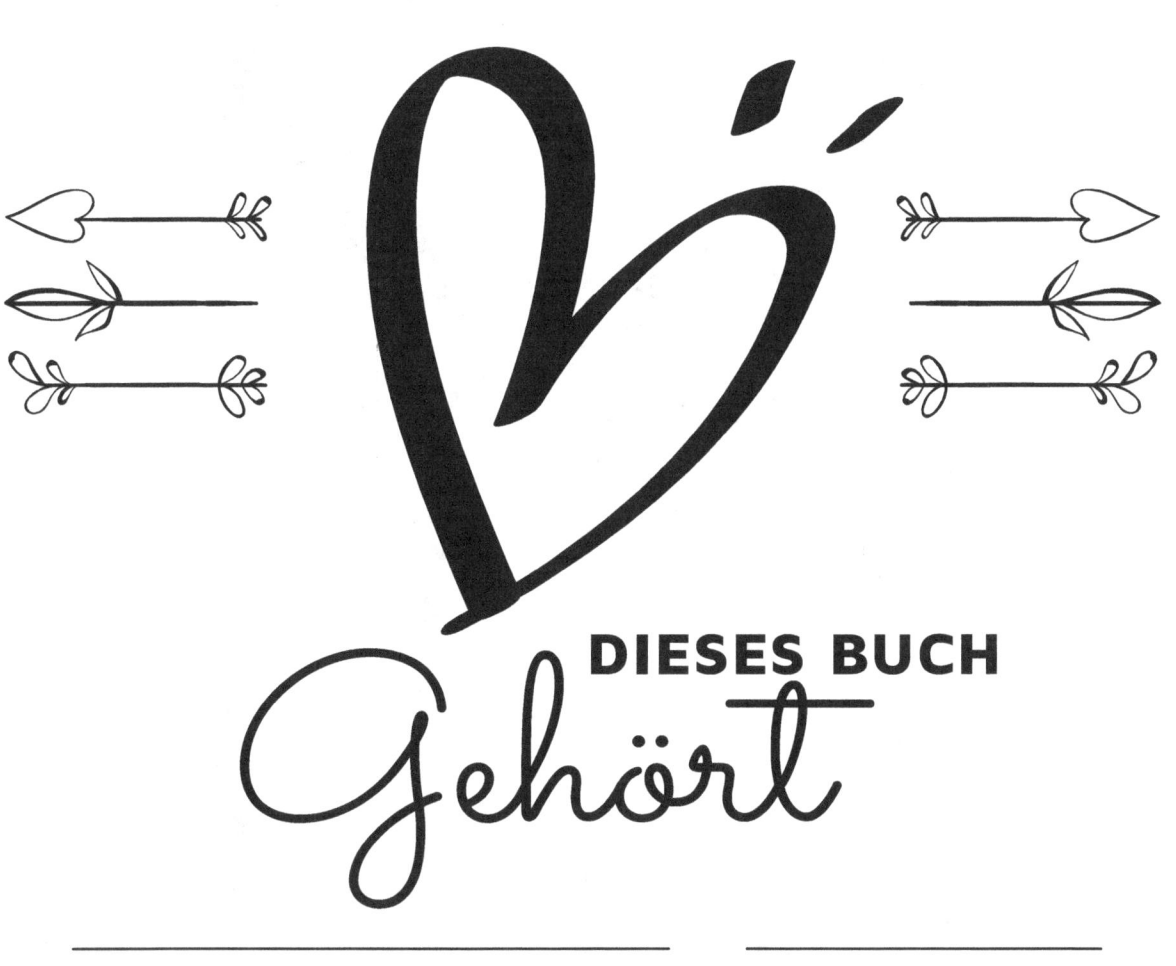

Färbe Diesen Mond

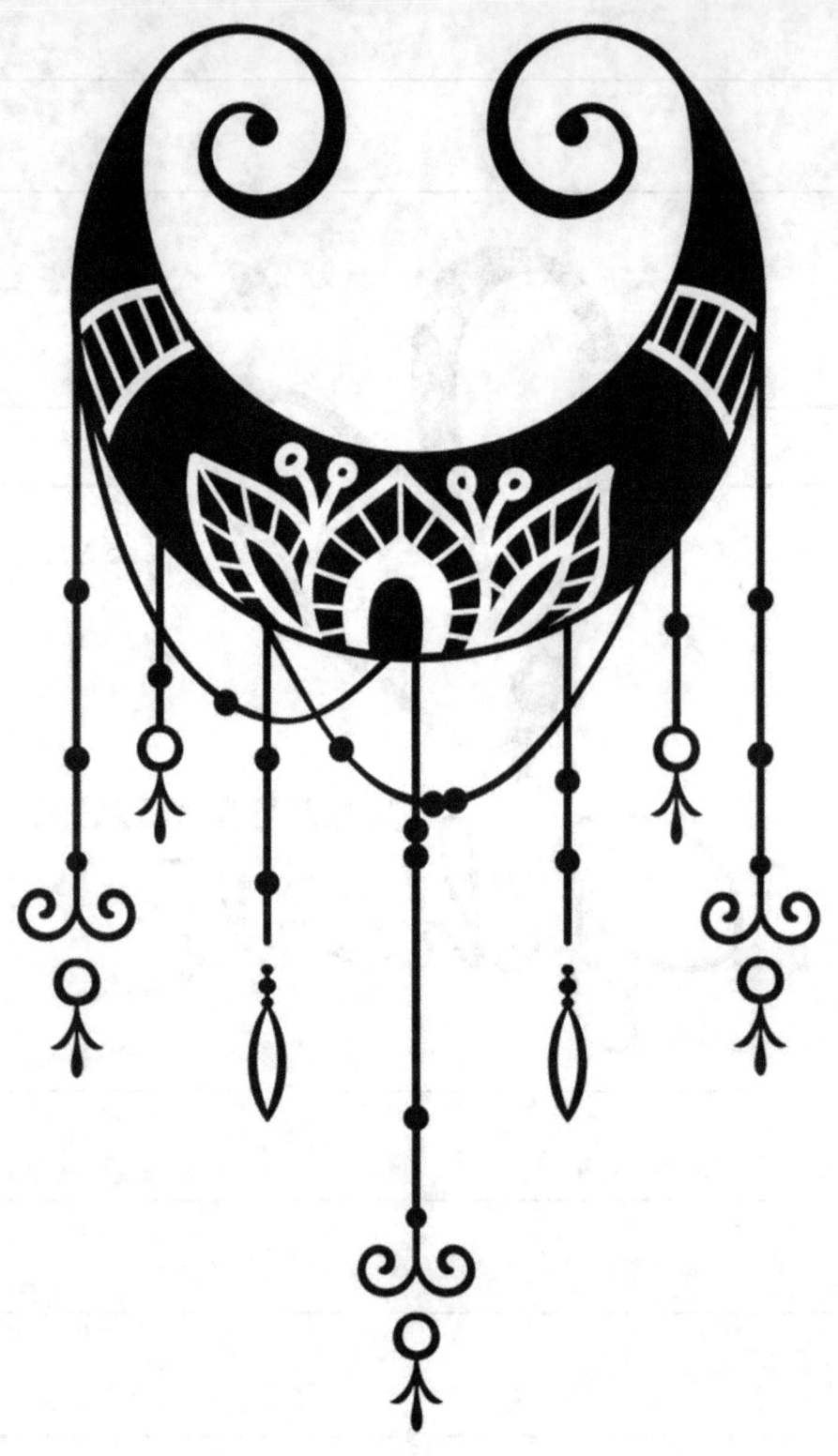

Färbe Diesen Mond

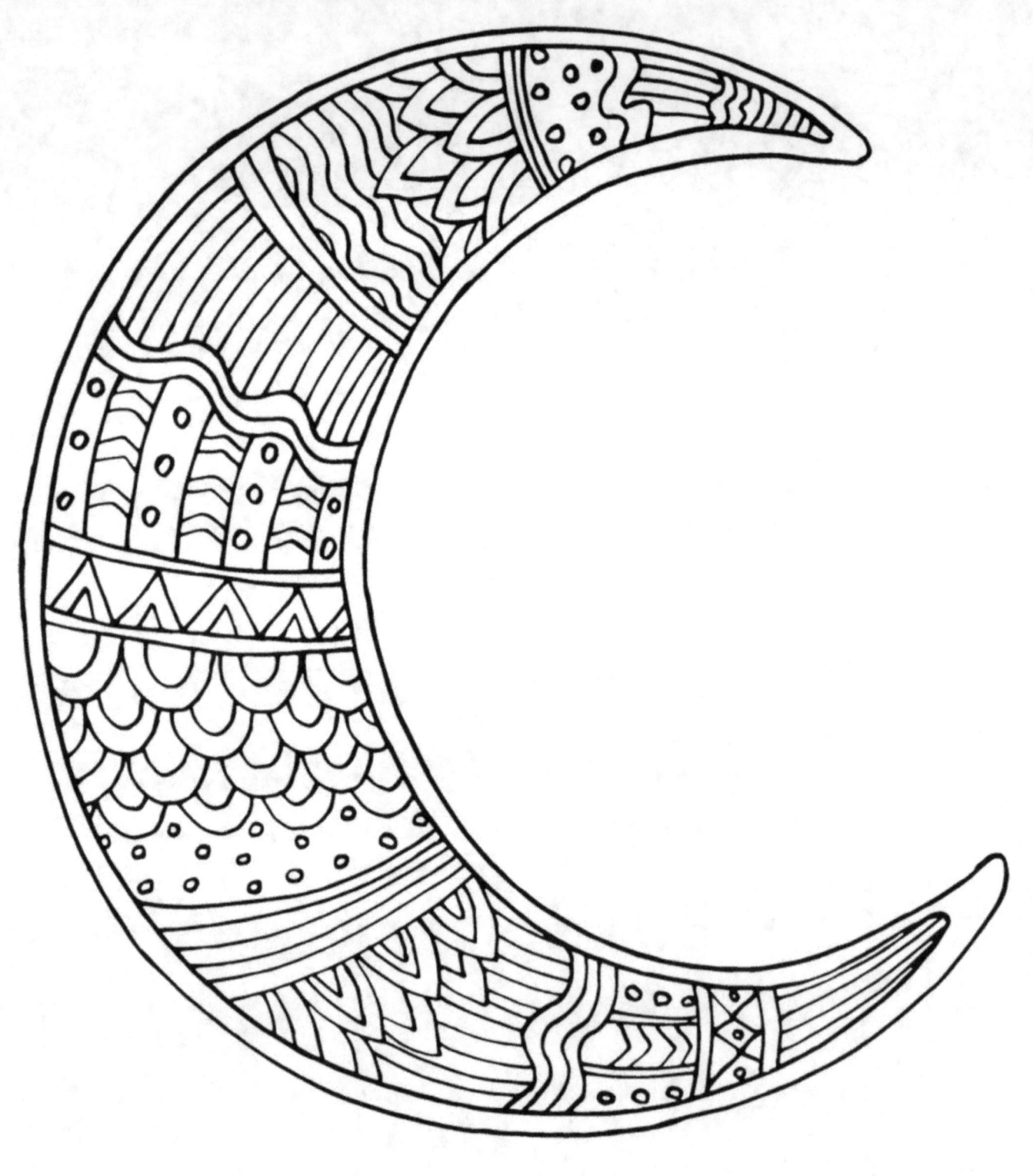

Färbe Diesen Mond

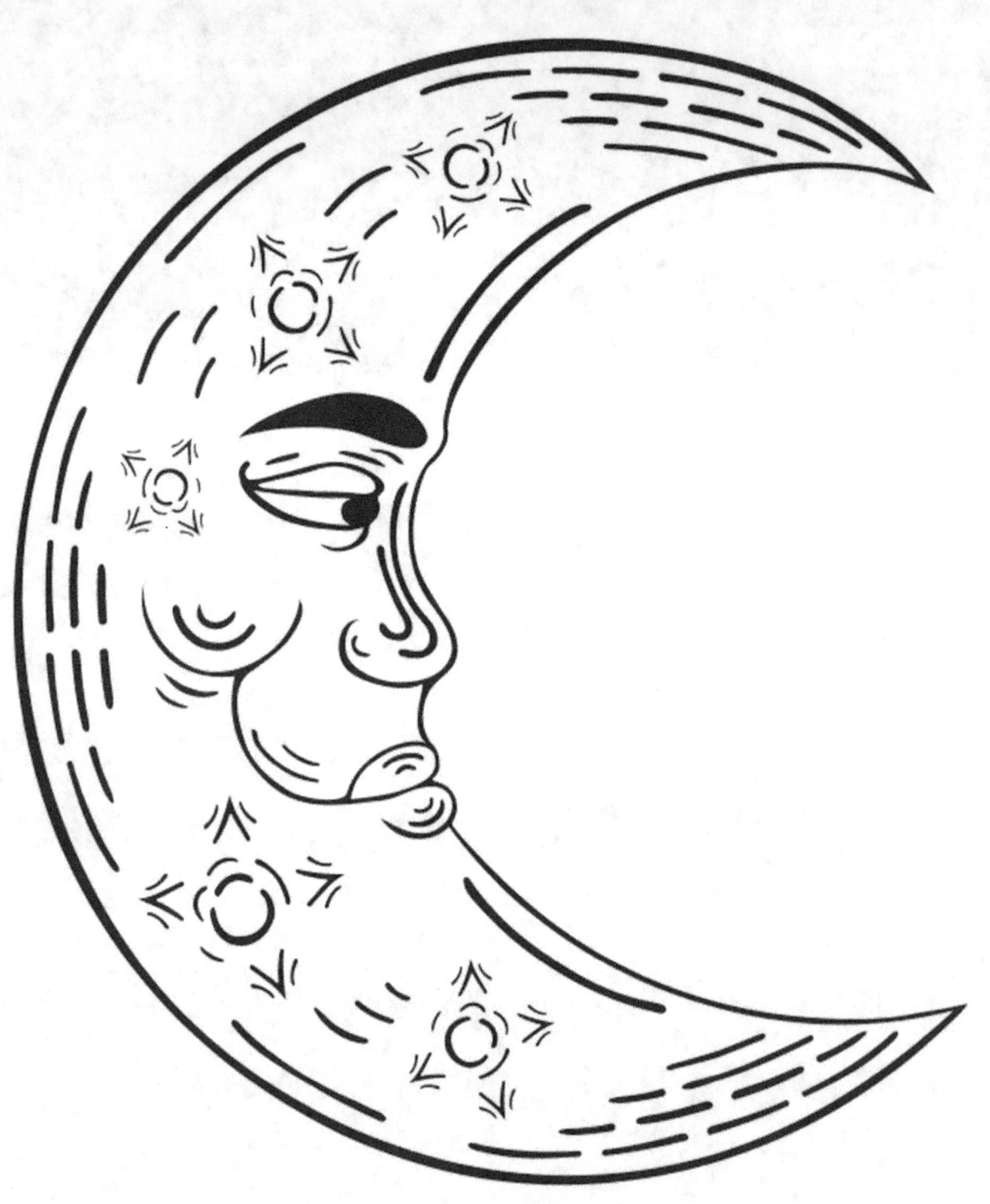

Färbe Diesen Mond

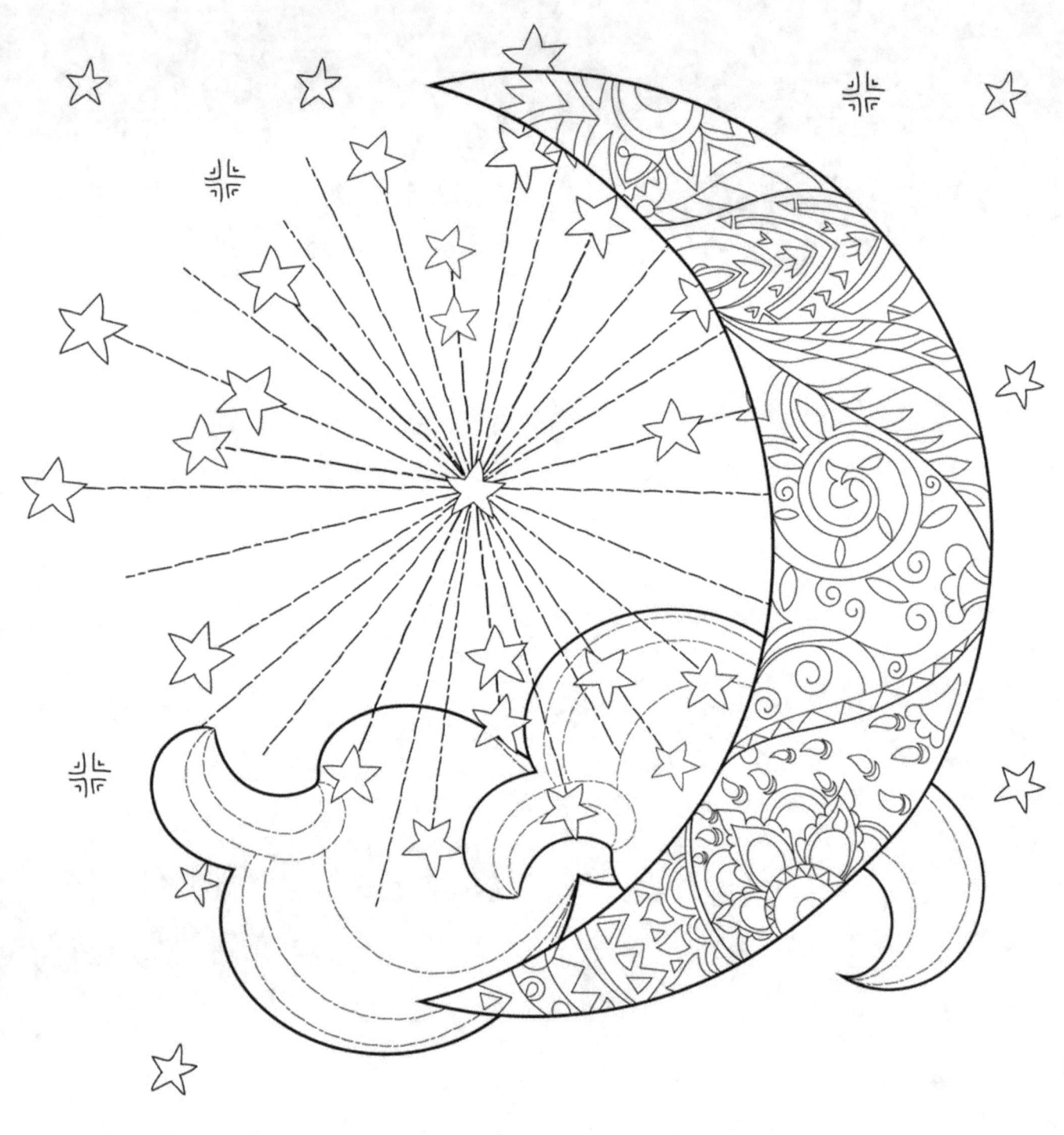

Färbe Diesen Mond

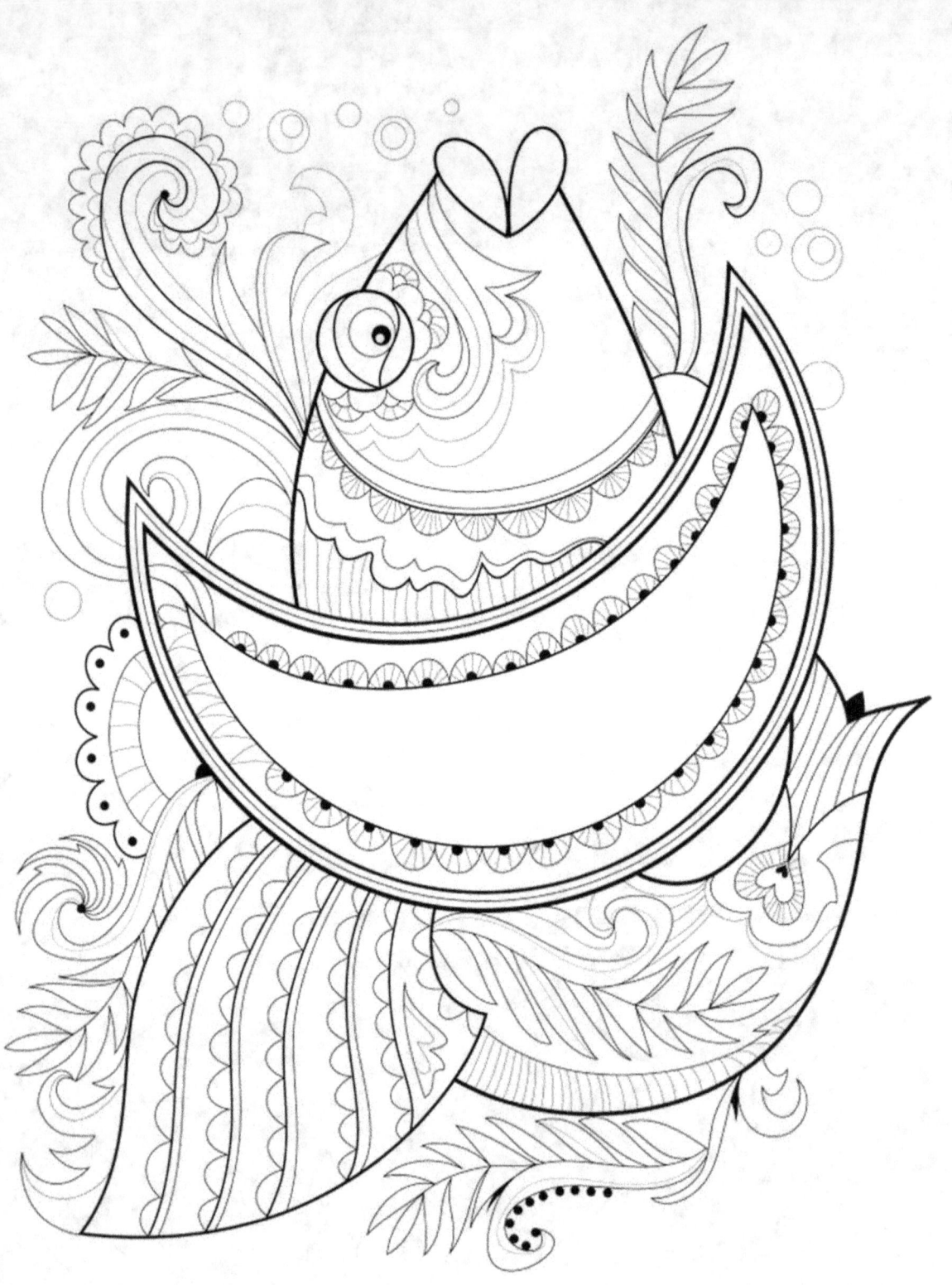

Färbe Diesen Mond

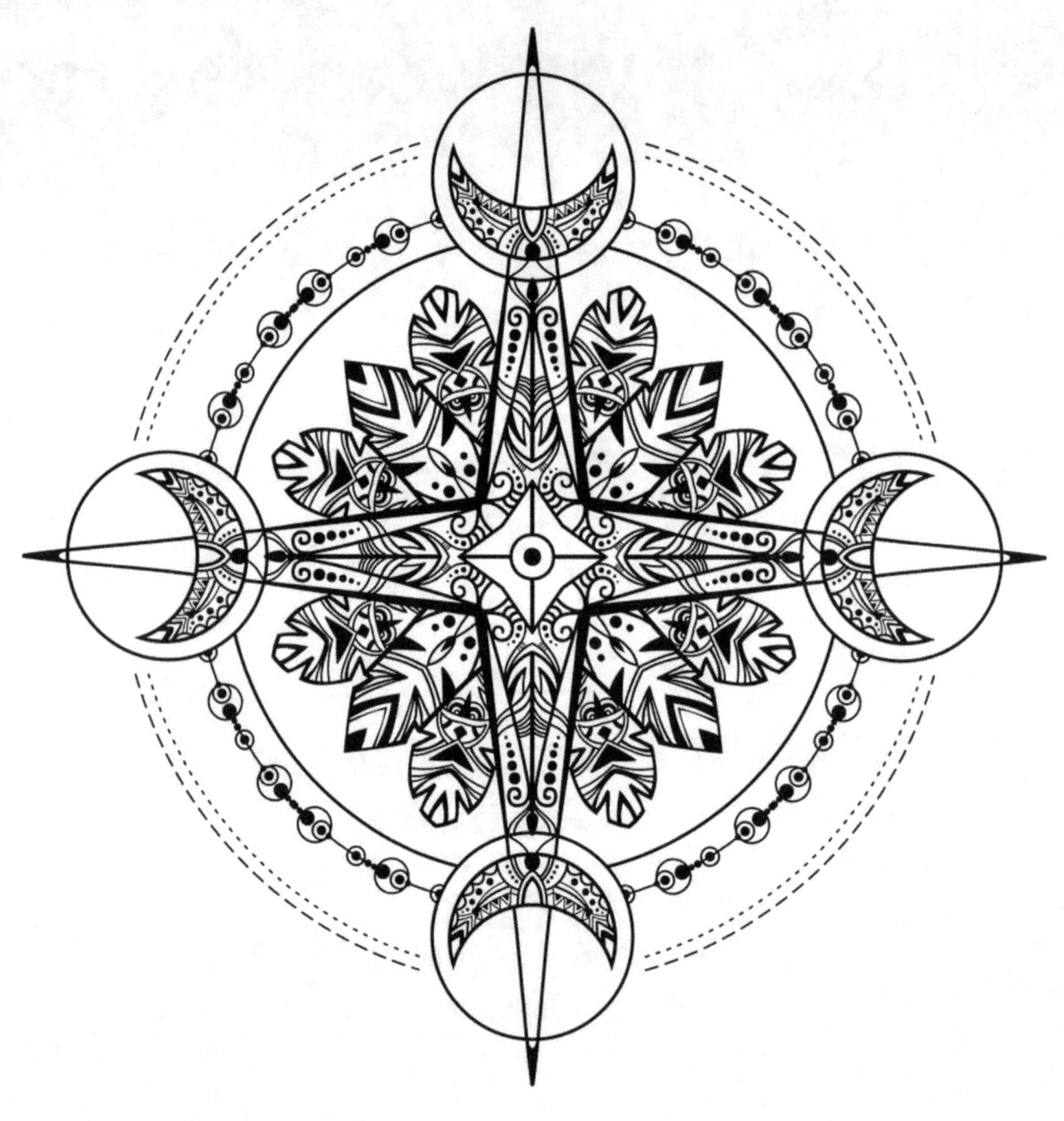

Färbe Diesen Mond

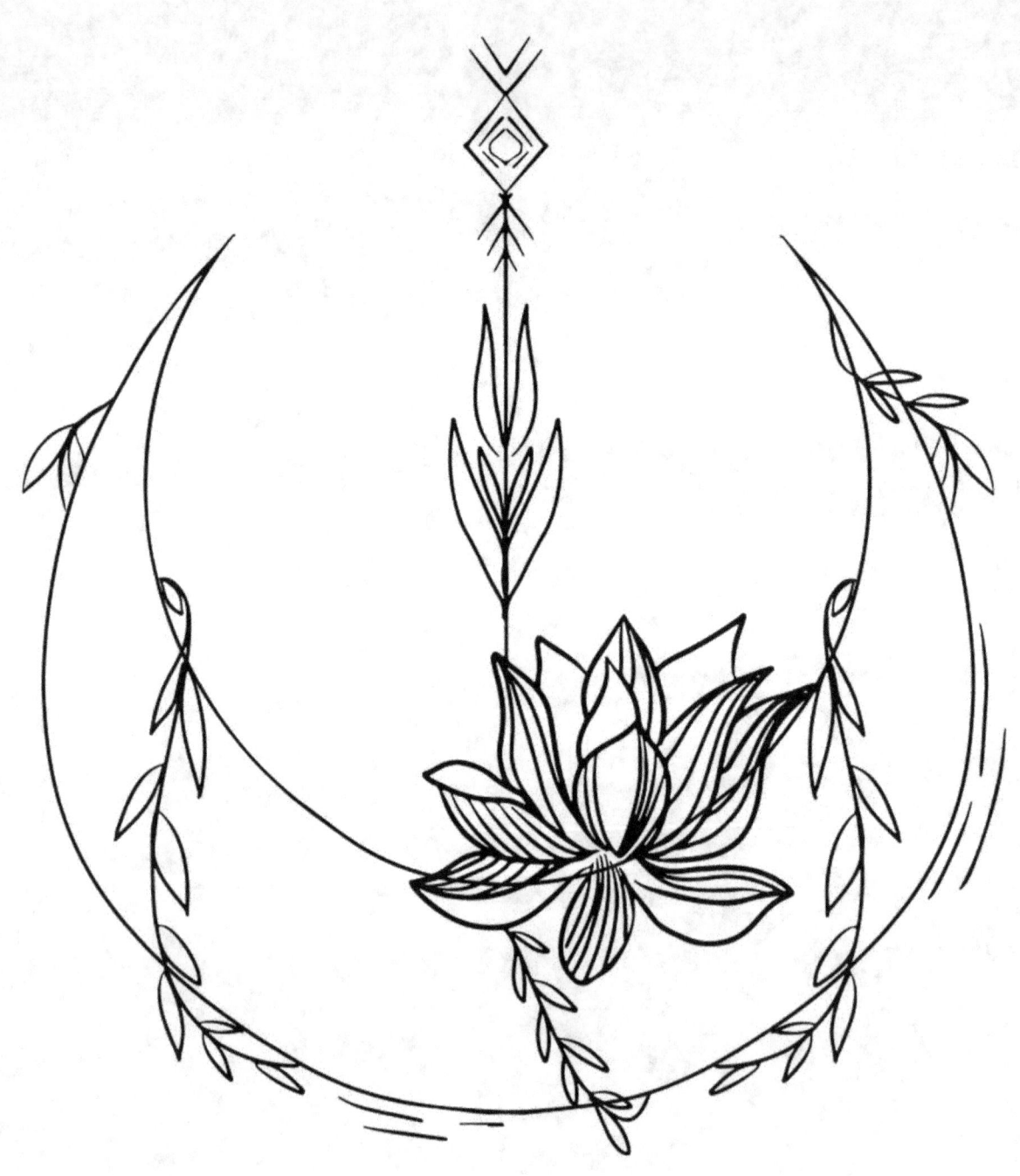

Färbe Diesen Mond

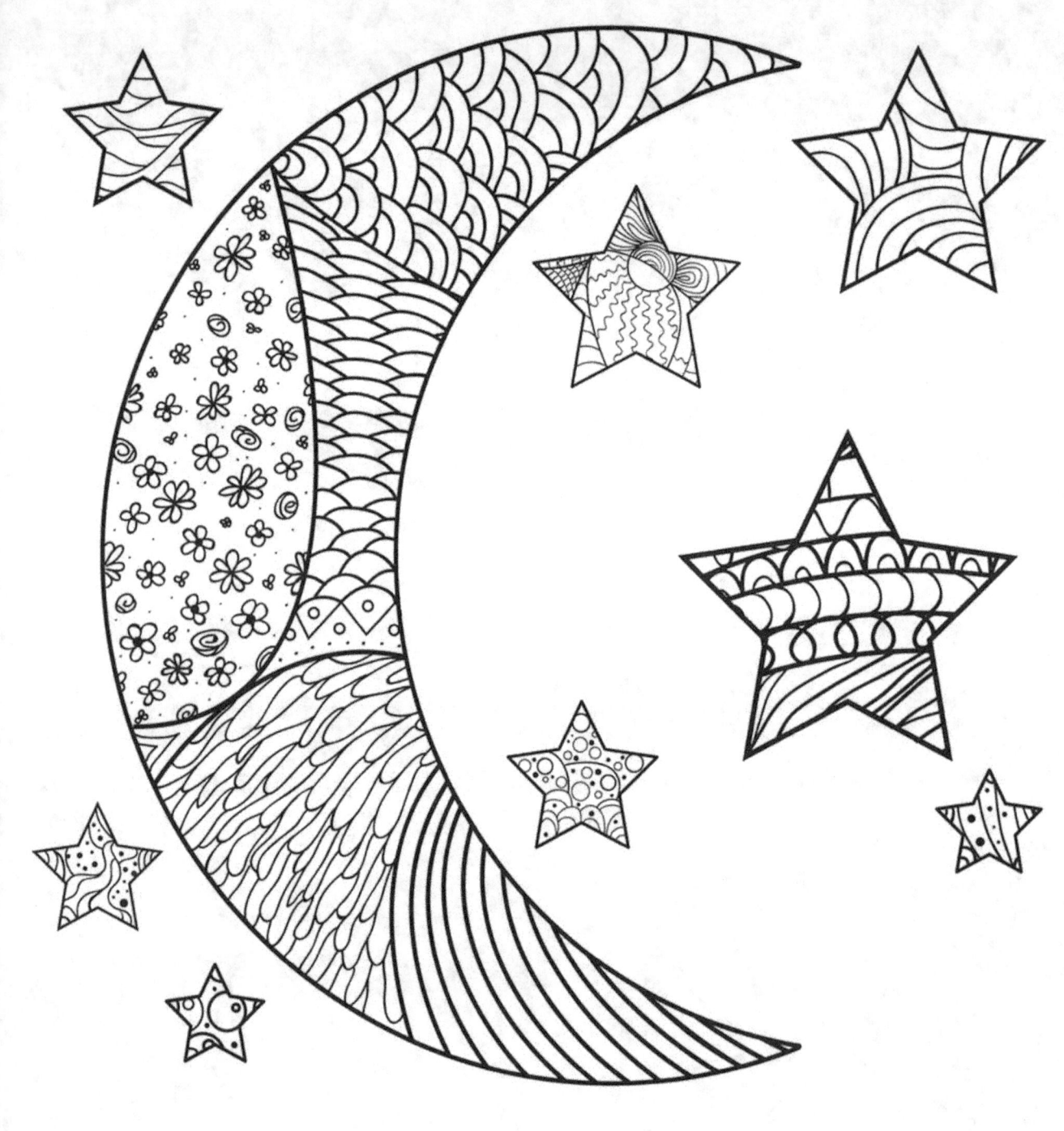

Färbe Diesen Mond

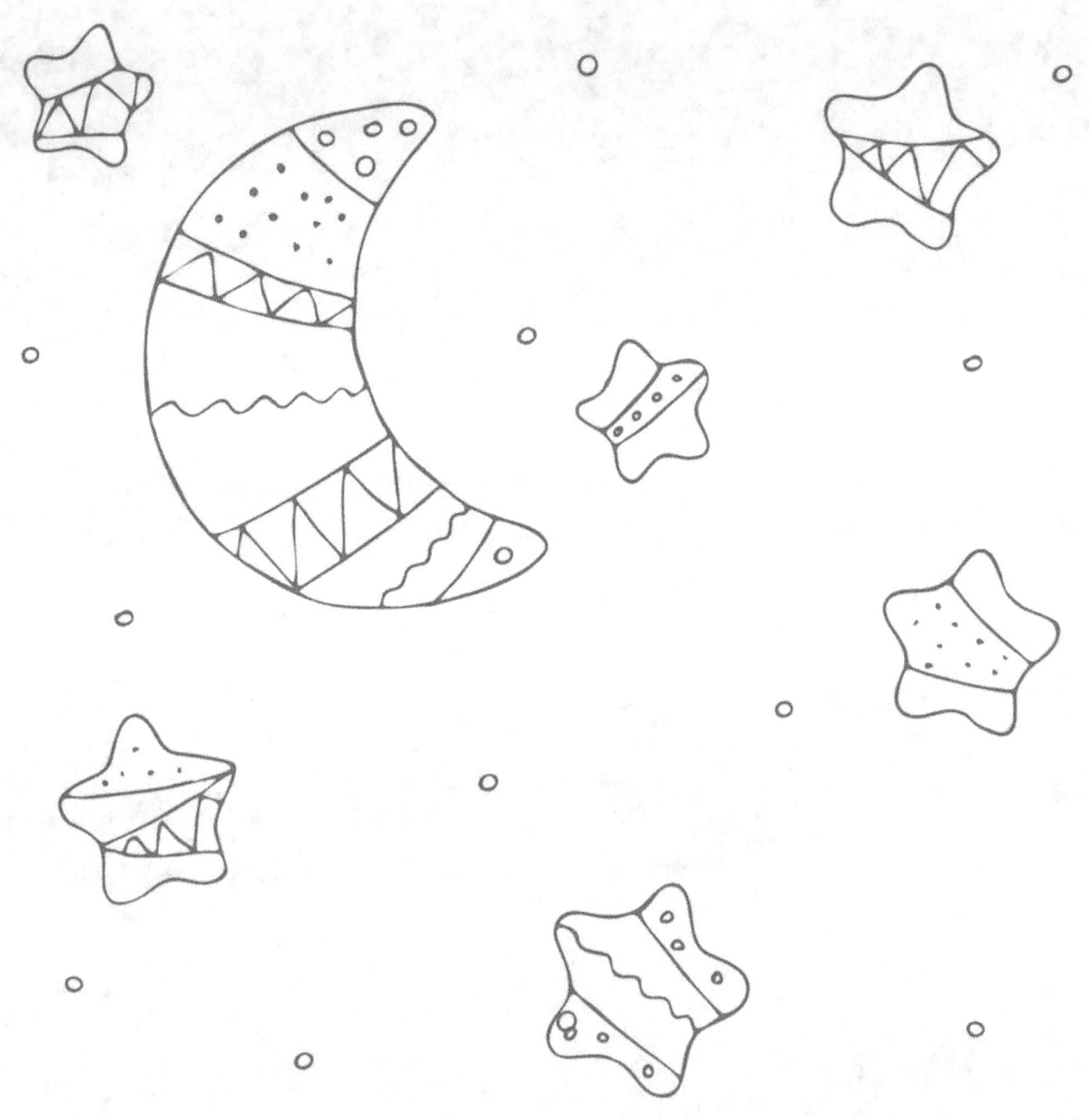

Färbe Diesen Mond

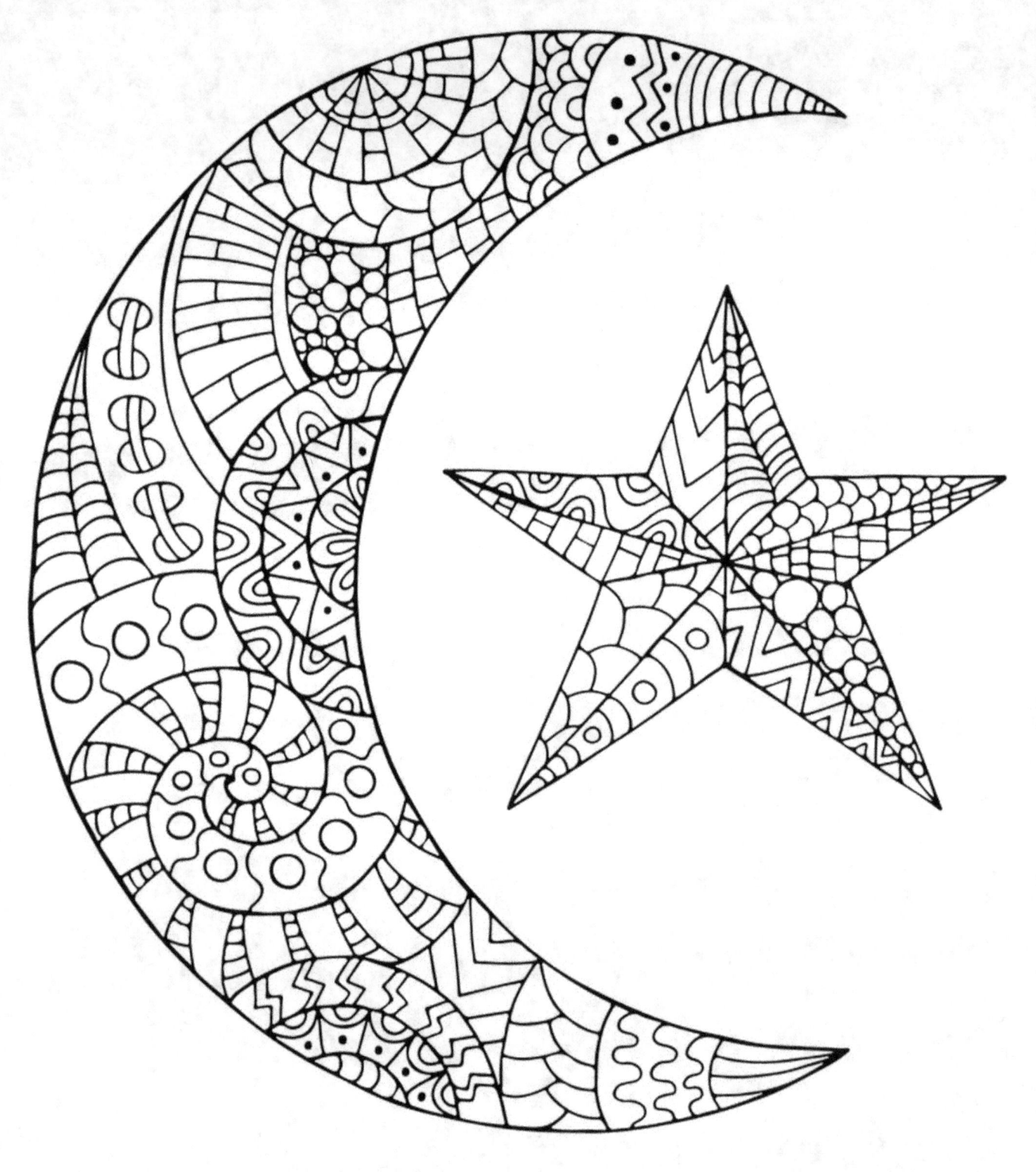

Färbe Diesen Mond

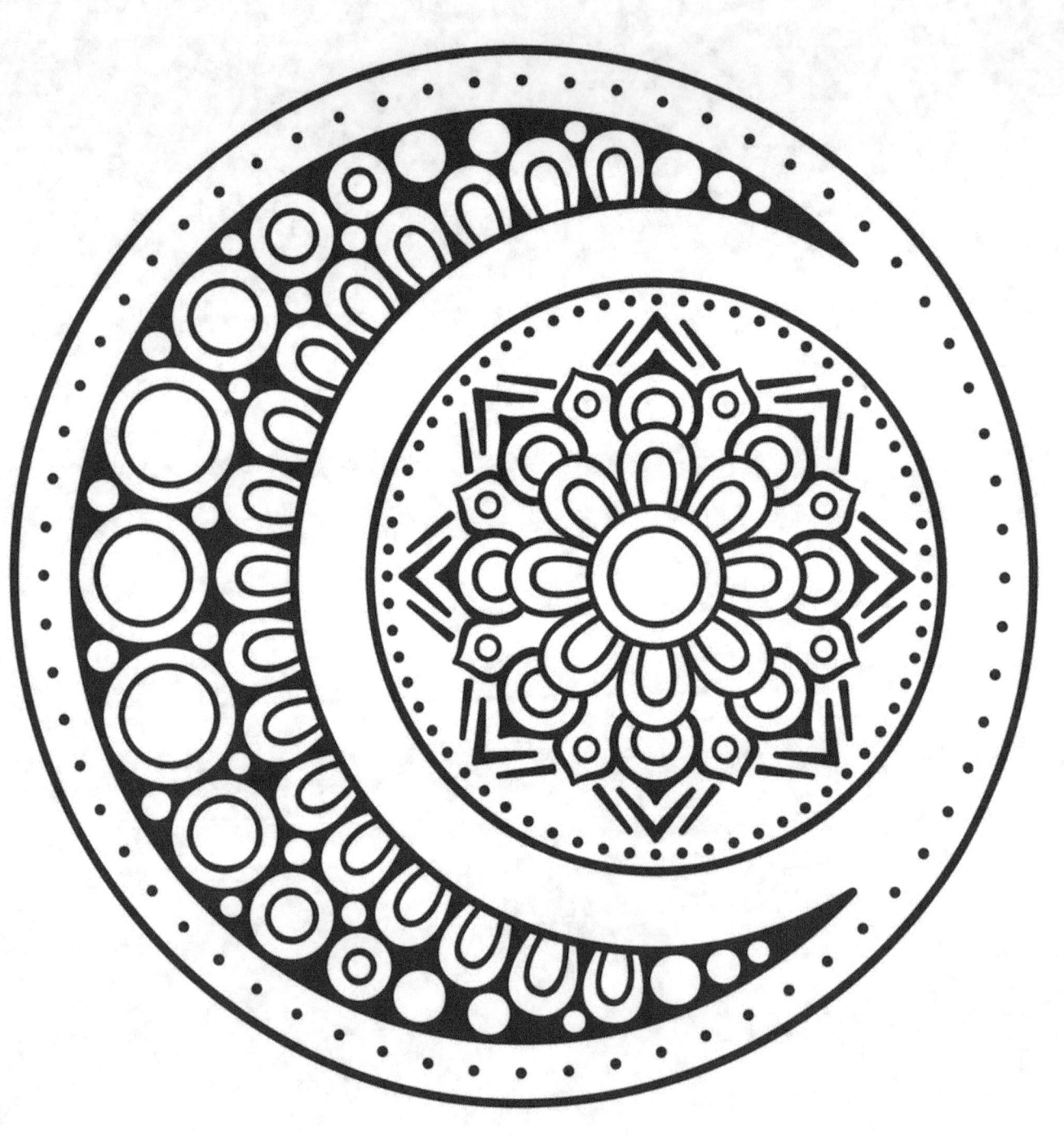

Färbe Diesen Mond

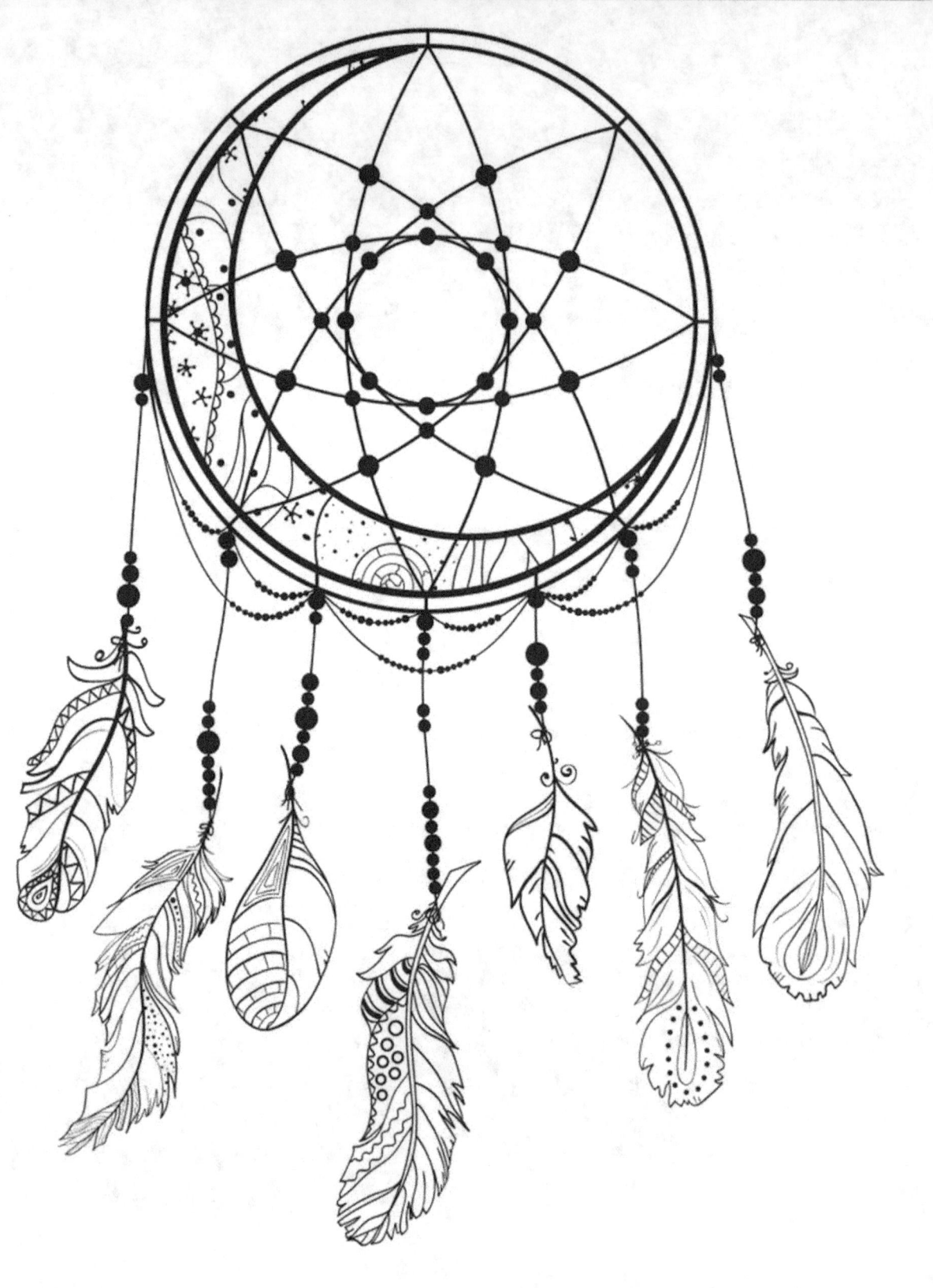

Färbe Diesen Mond

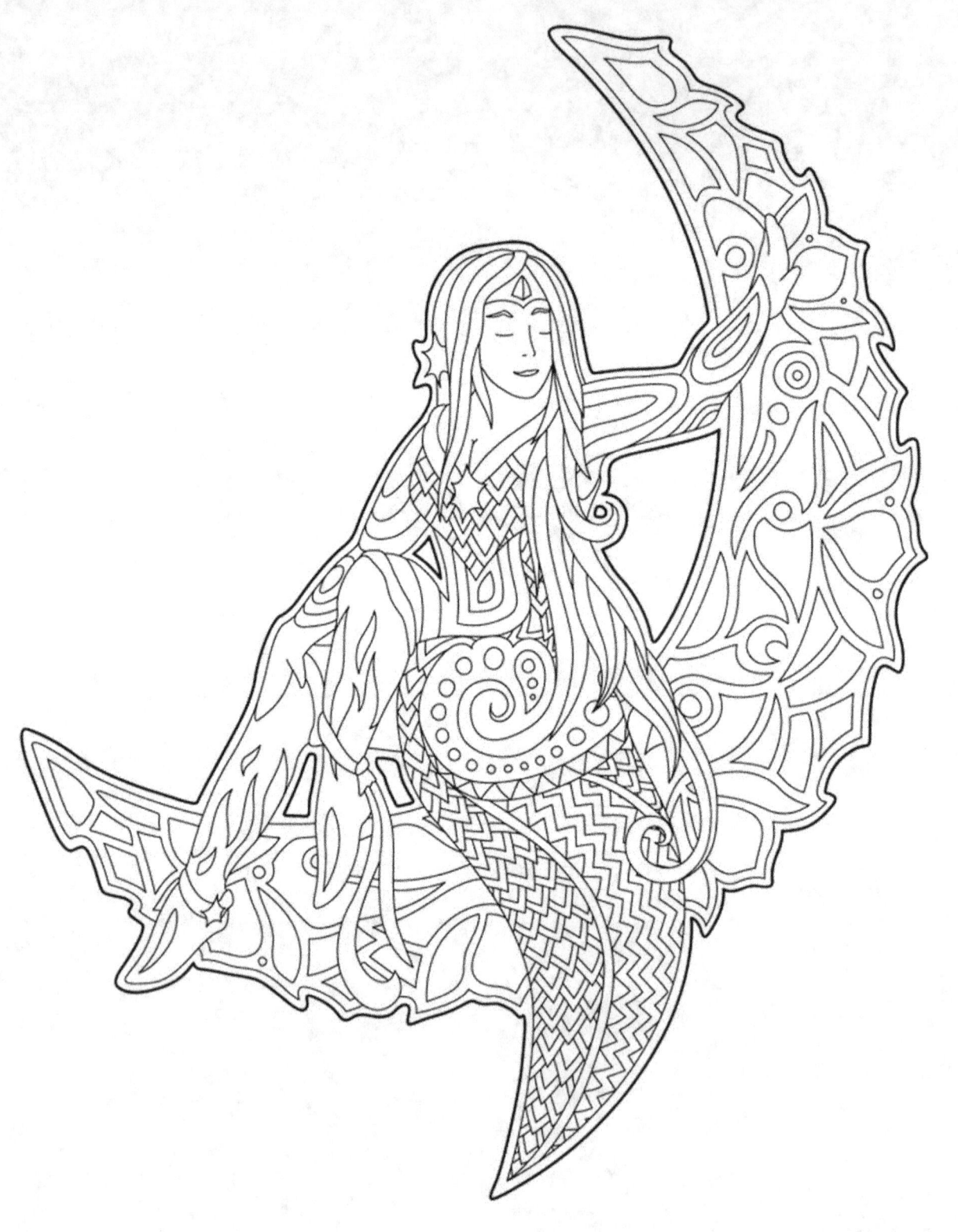

Färbe Diesen Mond

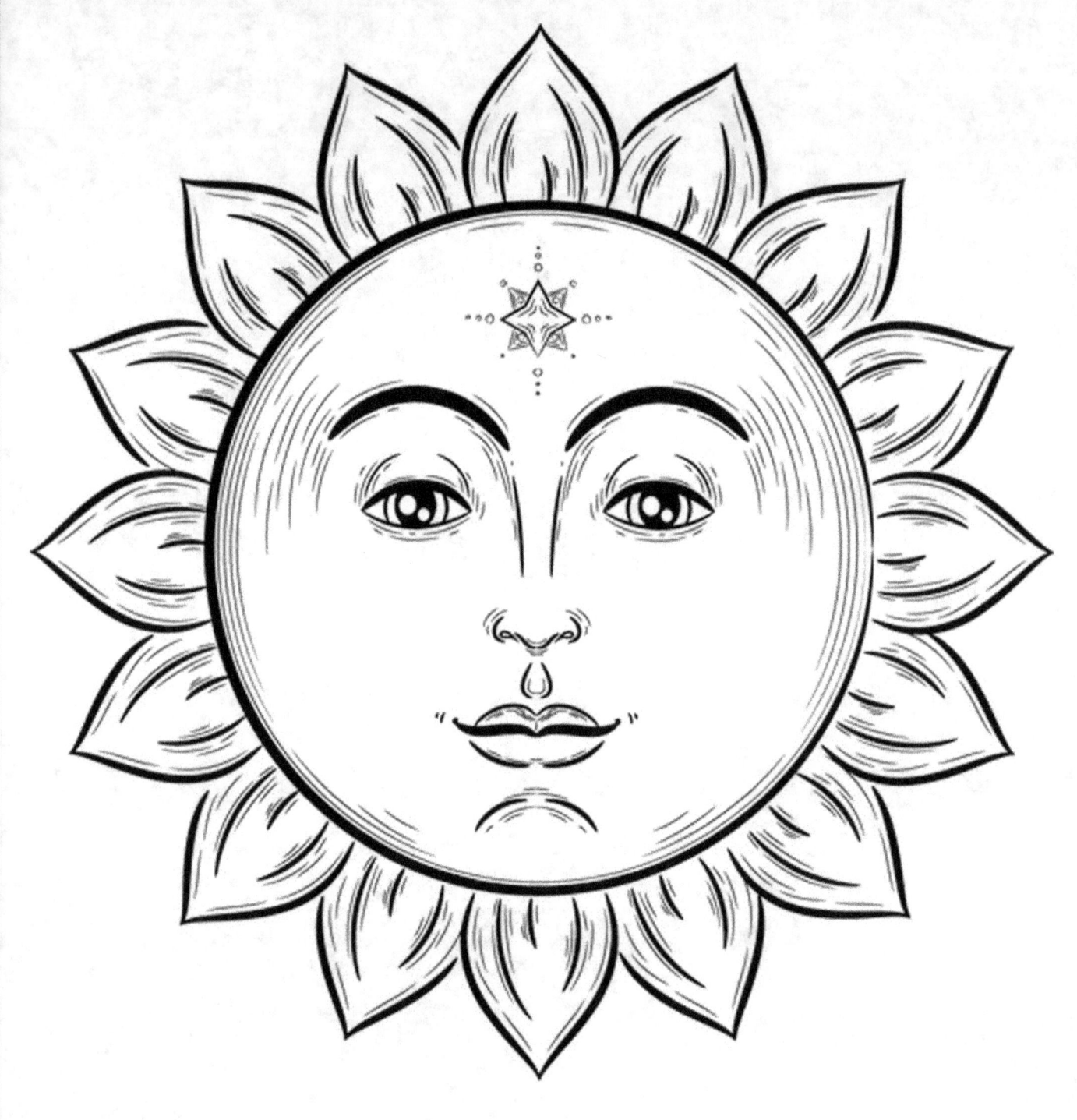

Färbe Diesen Mond

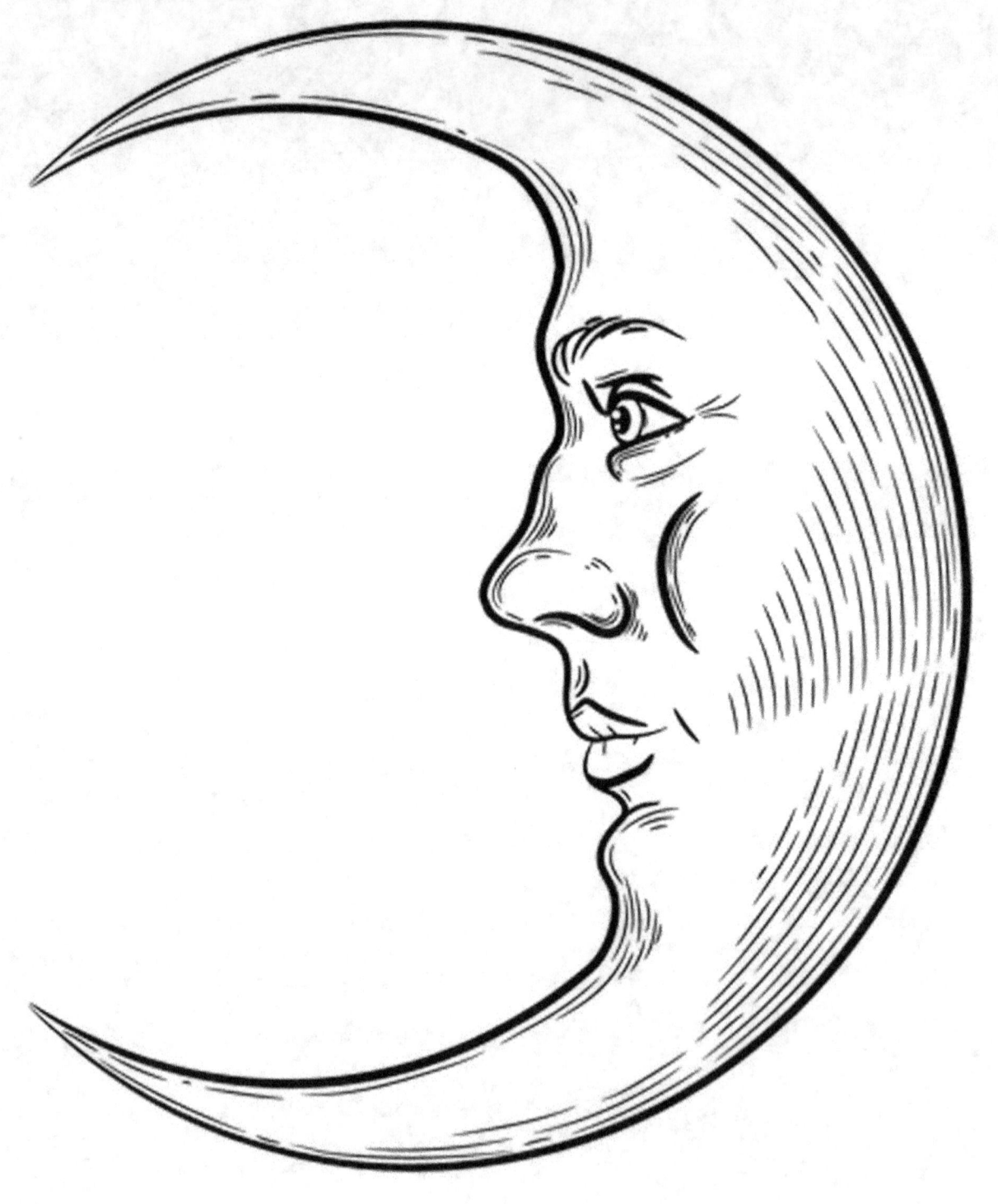

Färbe Diesen Mond

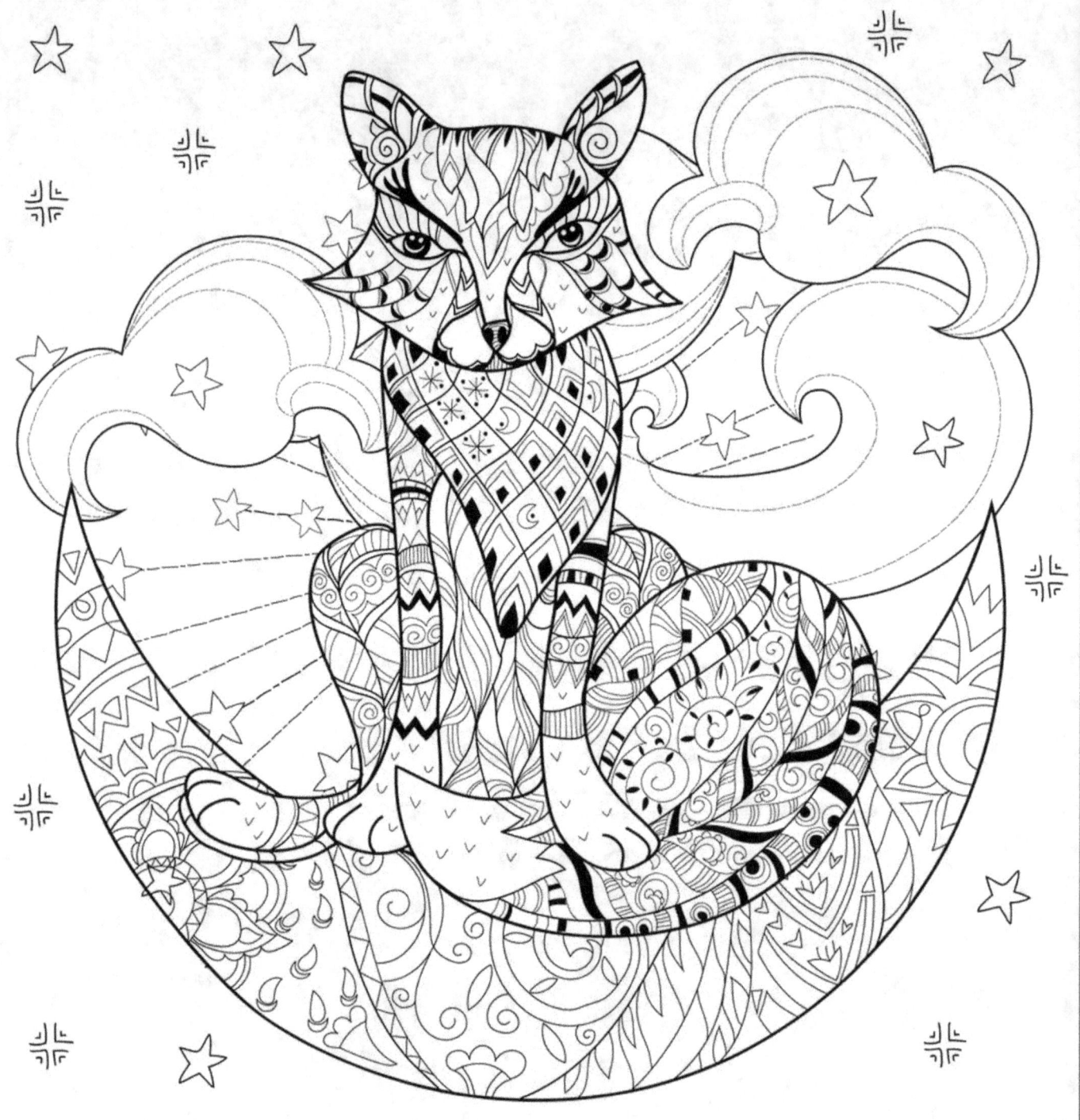

Färbe Diesen Mond

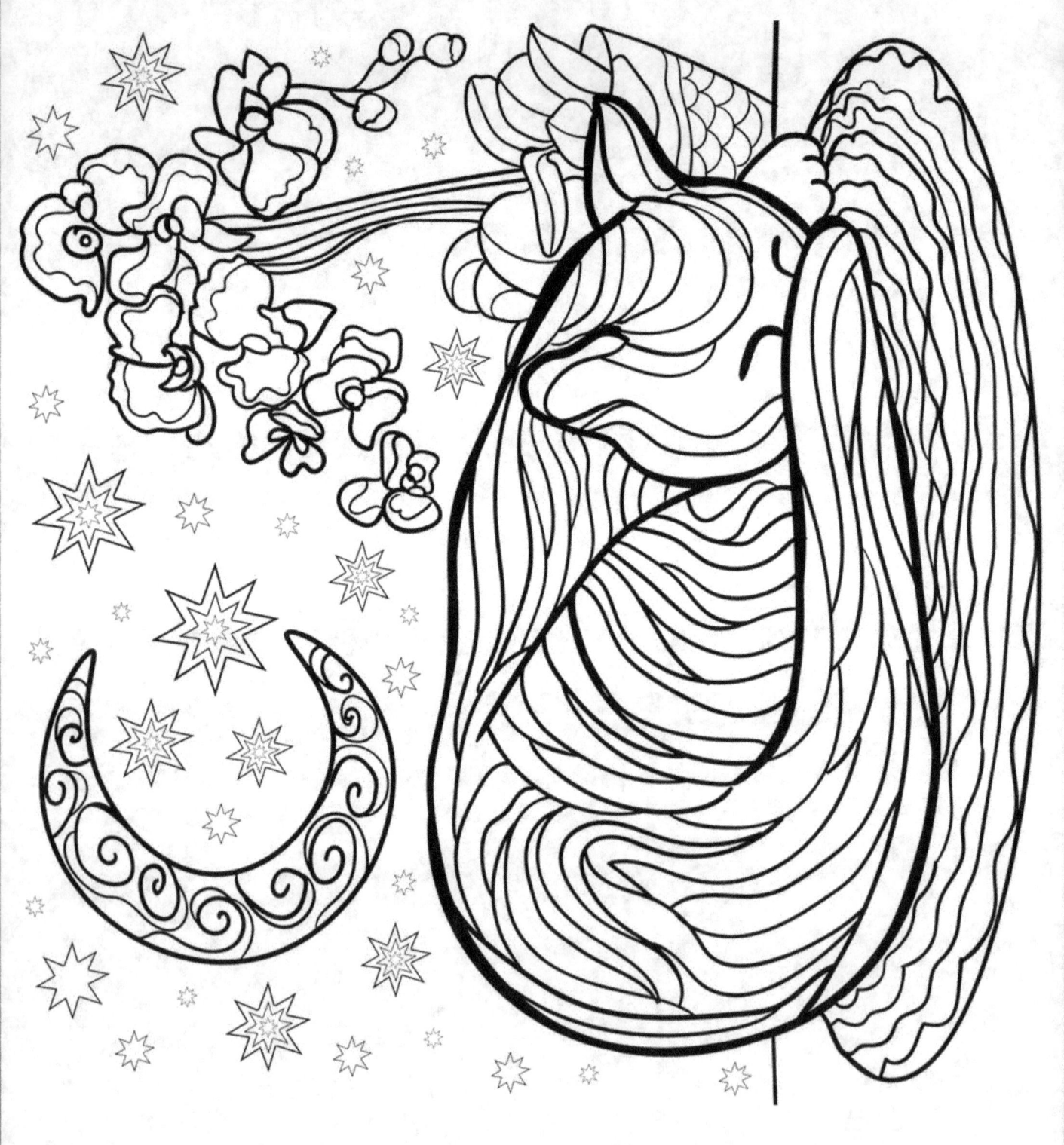

Färbe Diesen Mond

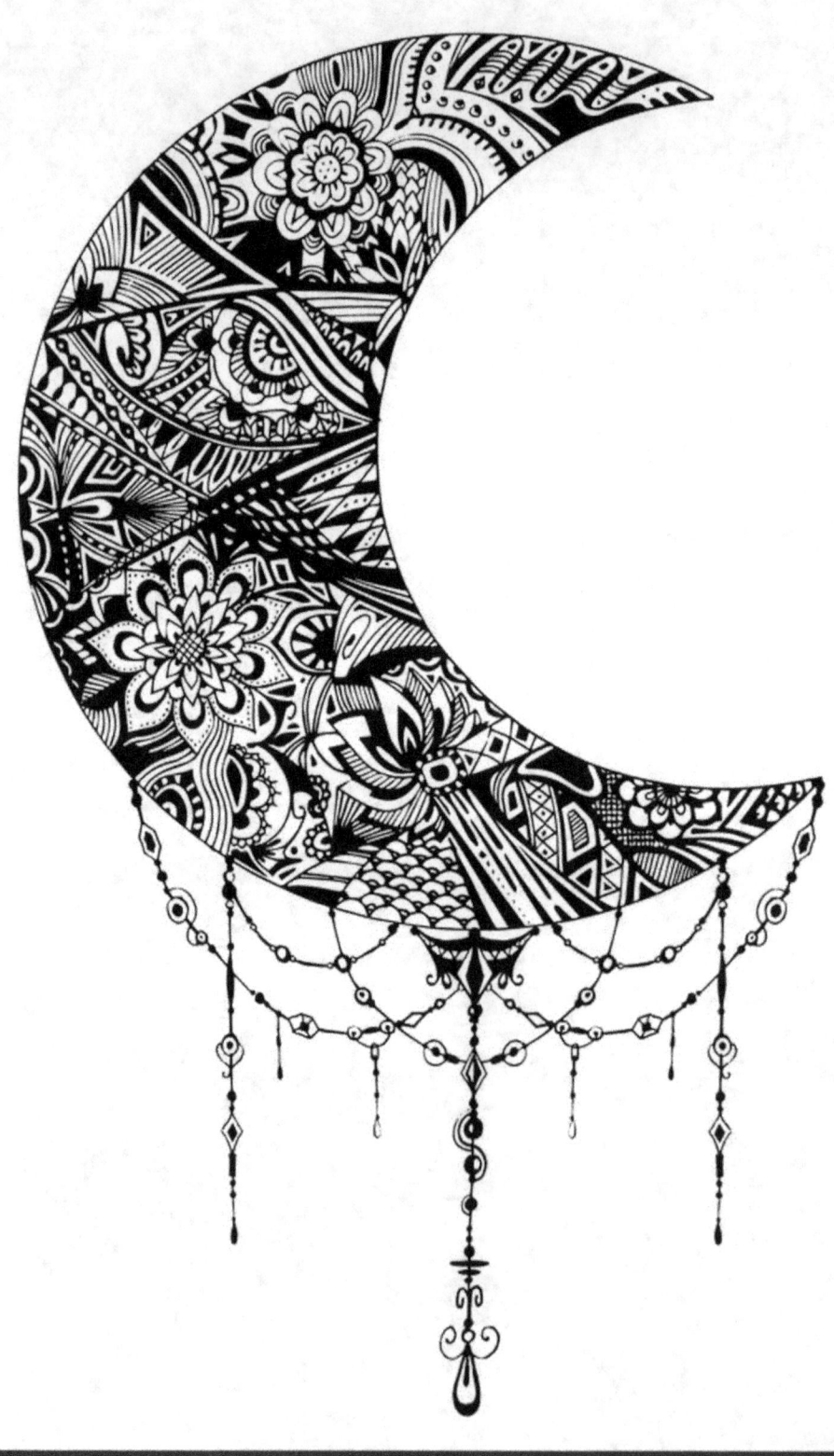

Färbe Diesen Mond

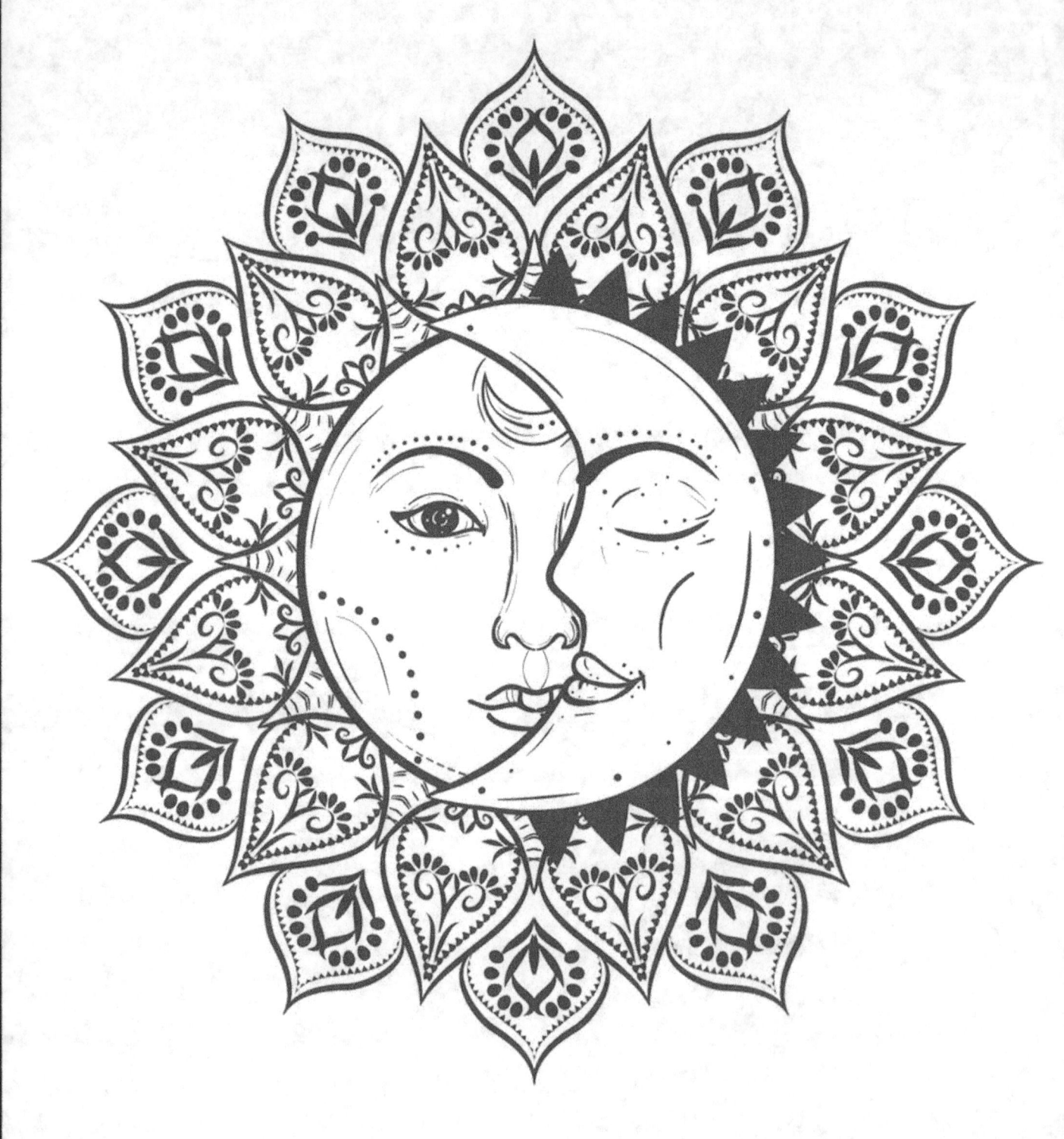

Färbe Diesen Mond

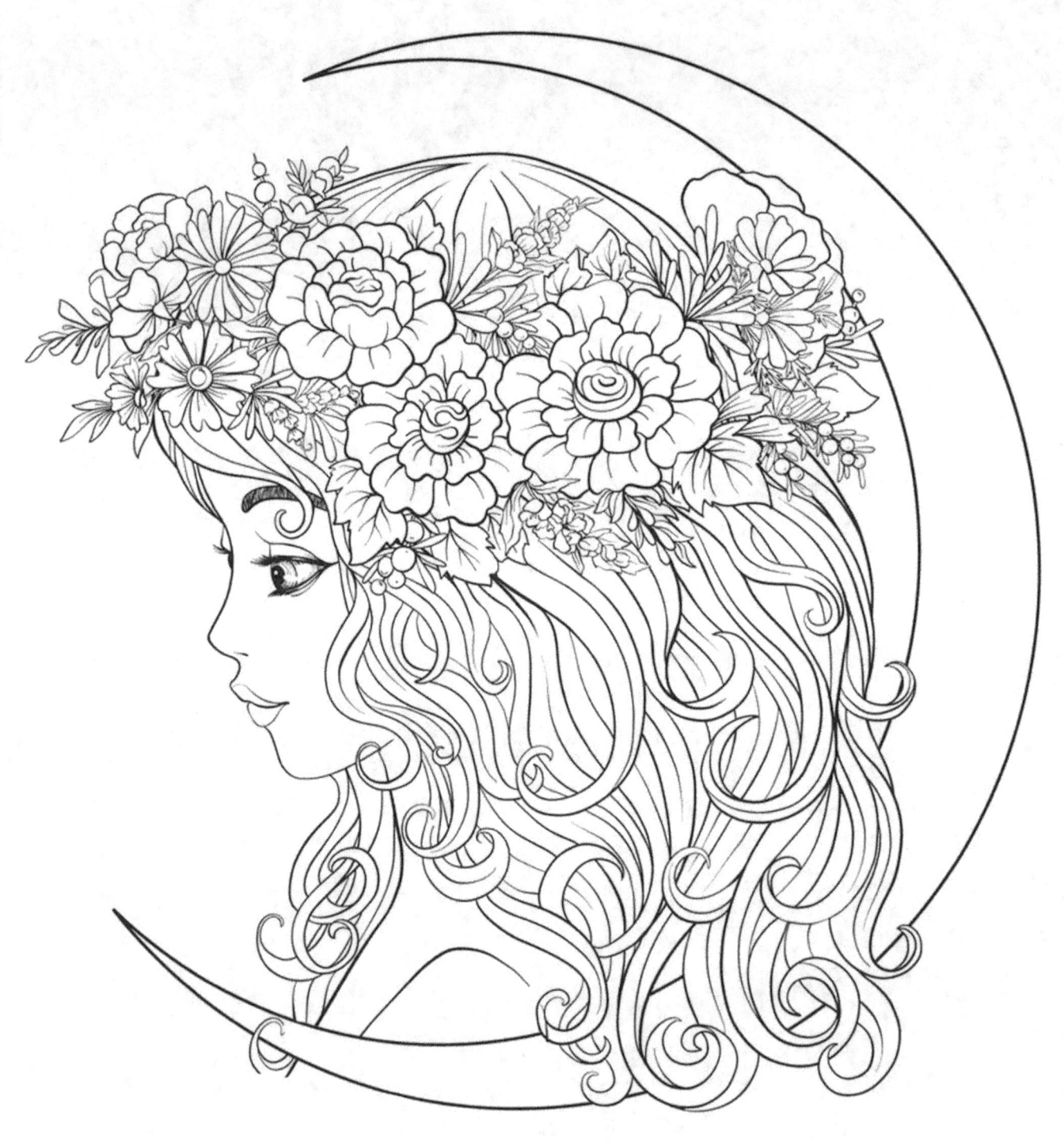

Färbe Diesen Mond

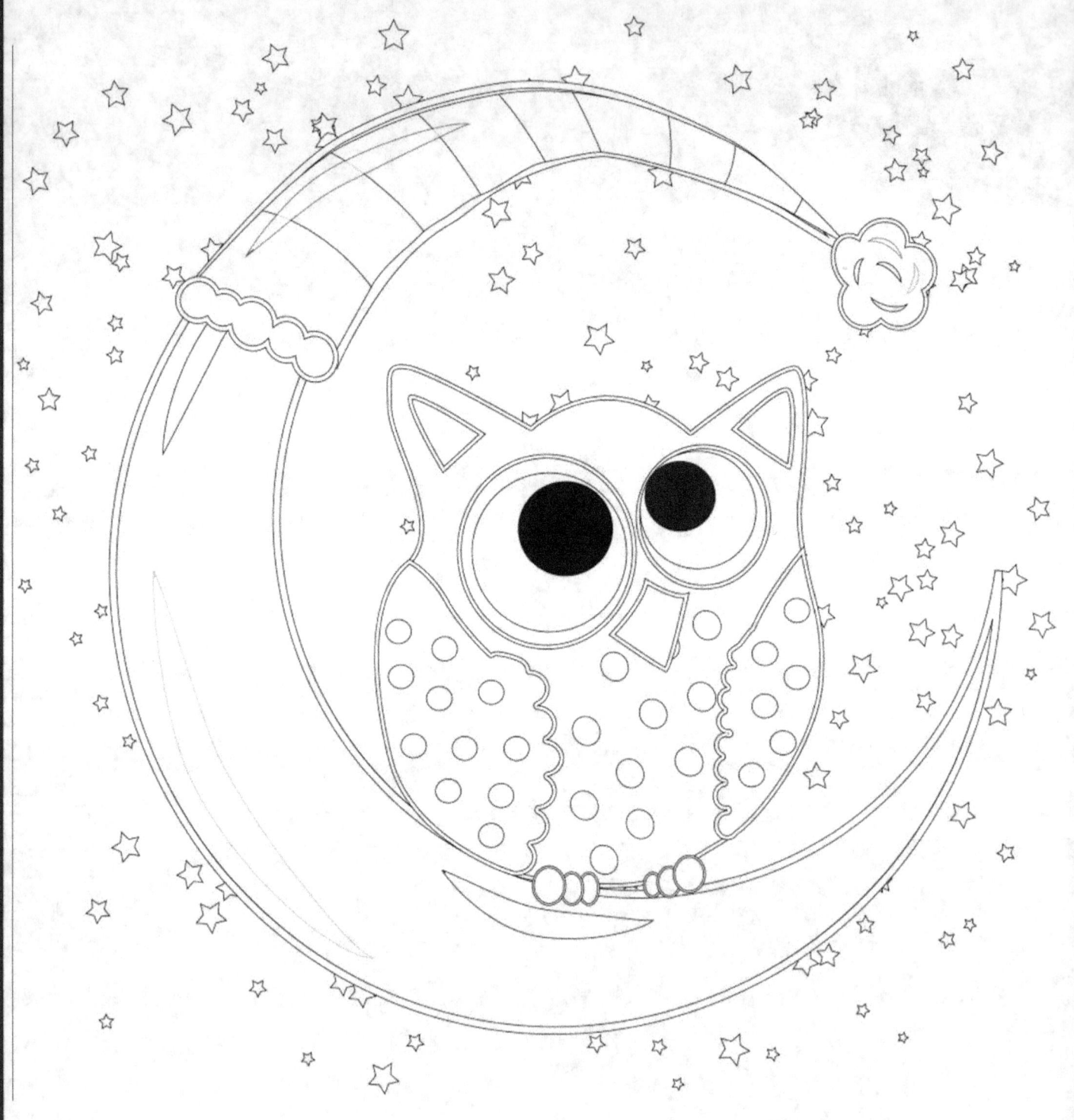

Färbe Diesen Mond

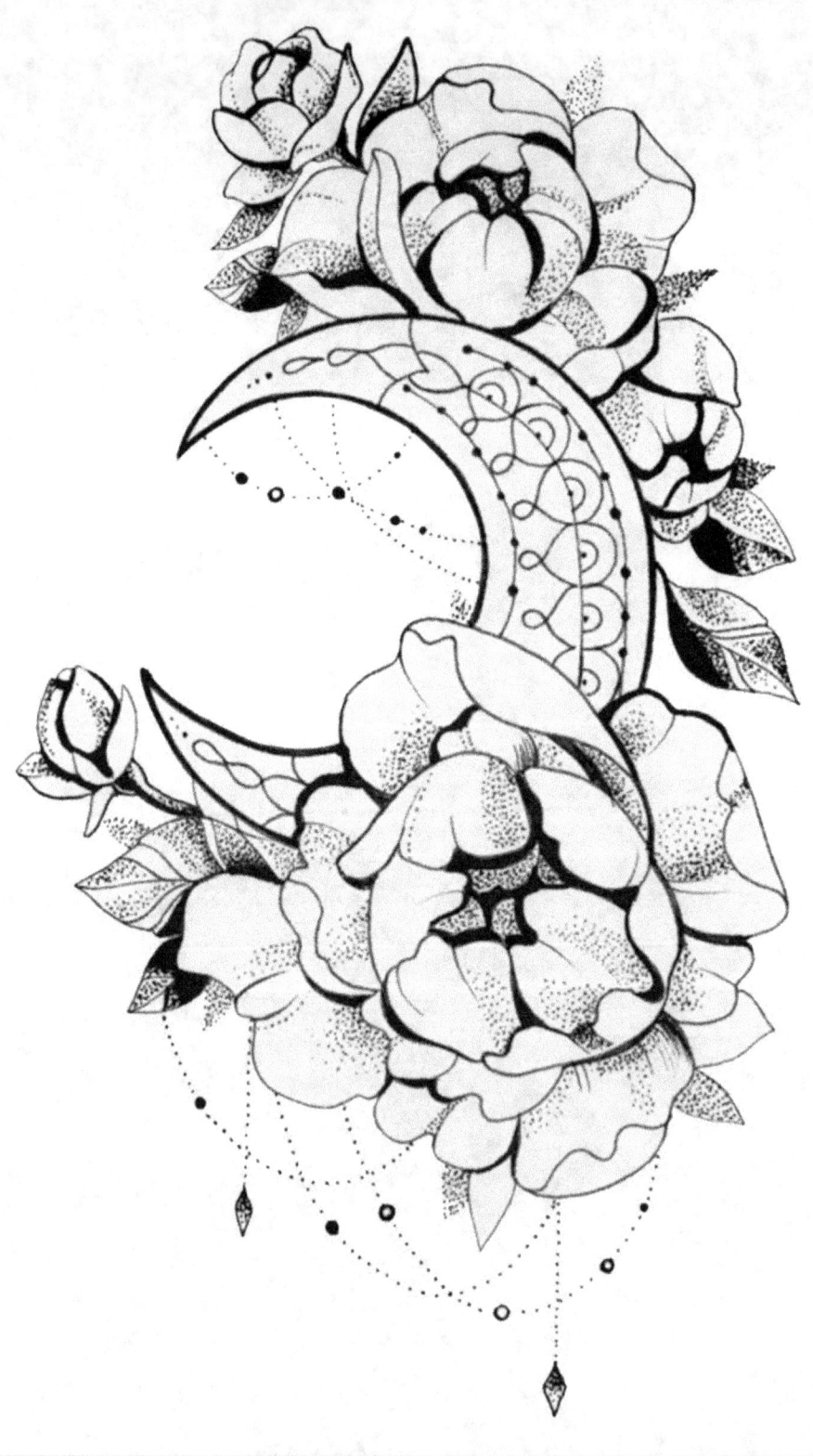

Färbe Diesen Mond

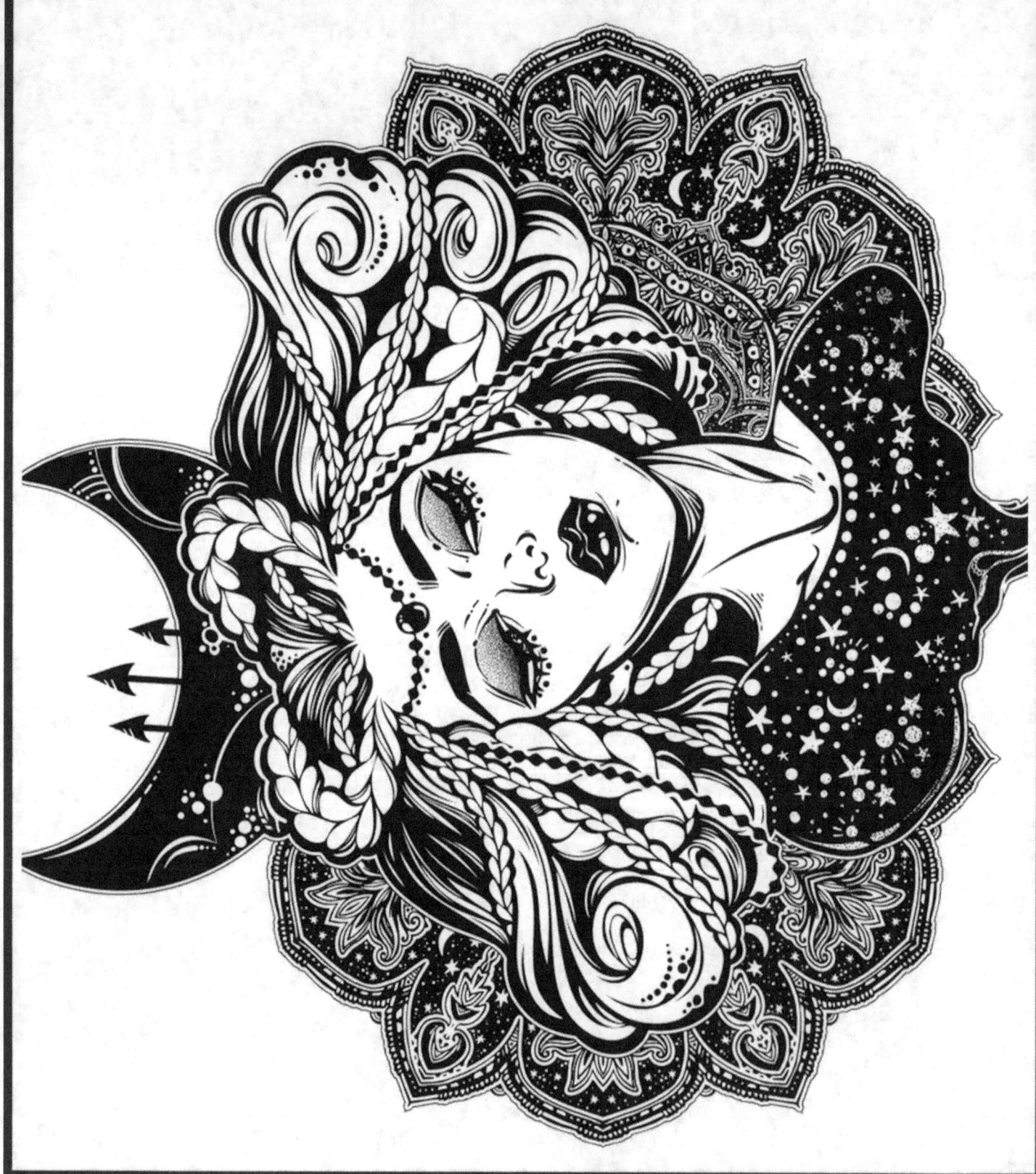

Färbe Diesen Mond

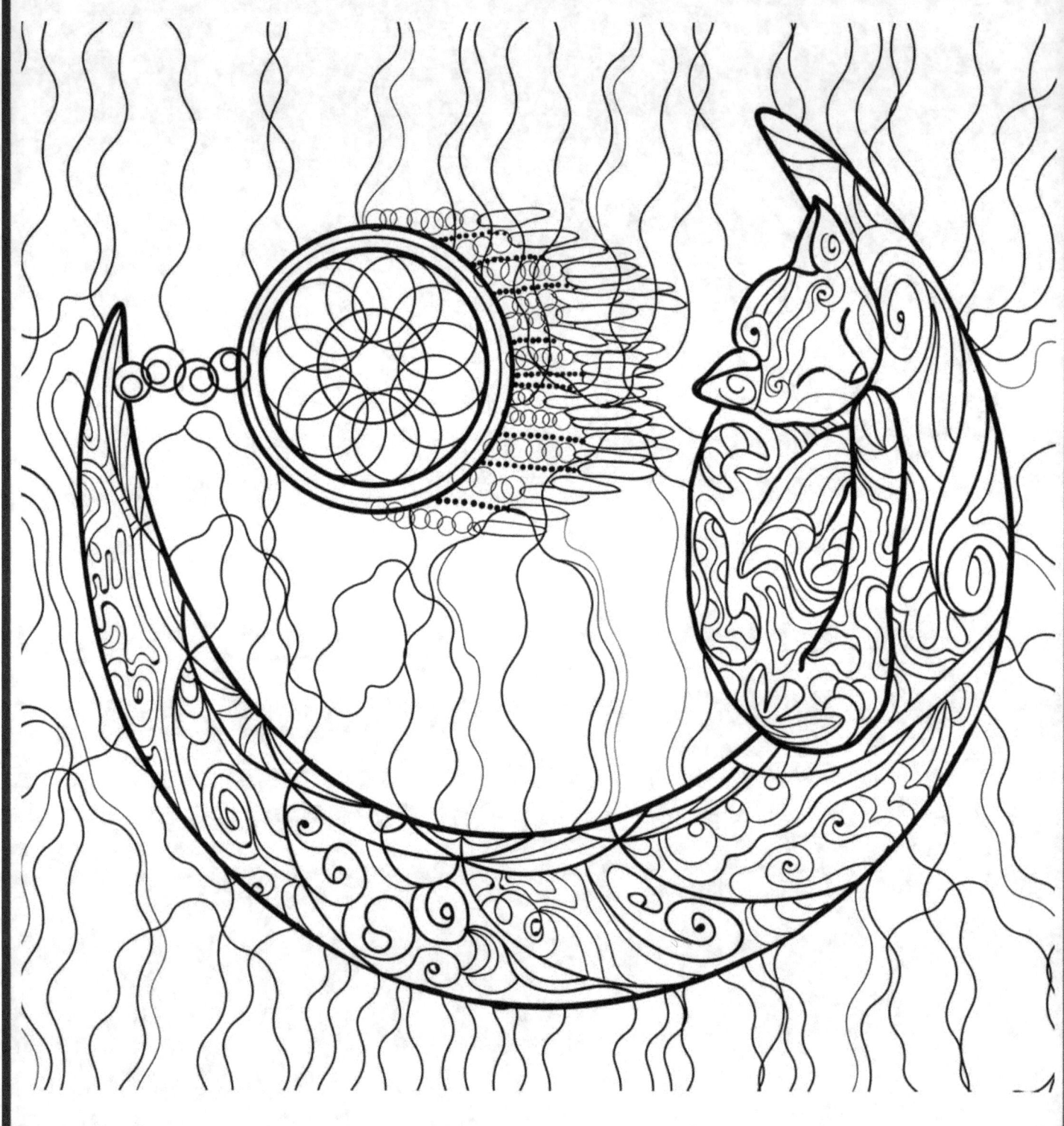

Färbe Diesen Mond

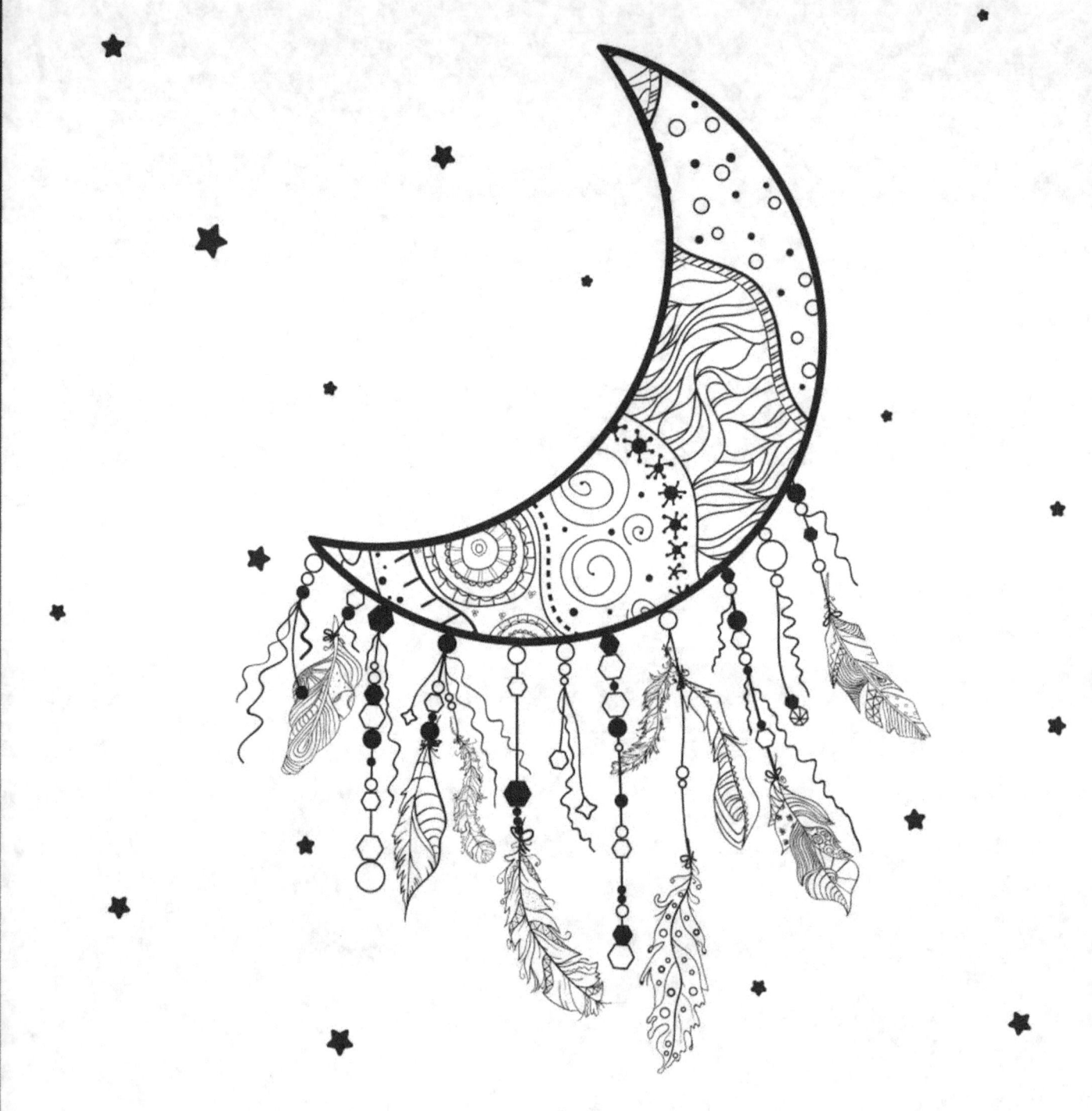

Färbe Diesen Mond

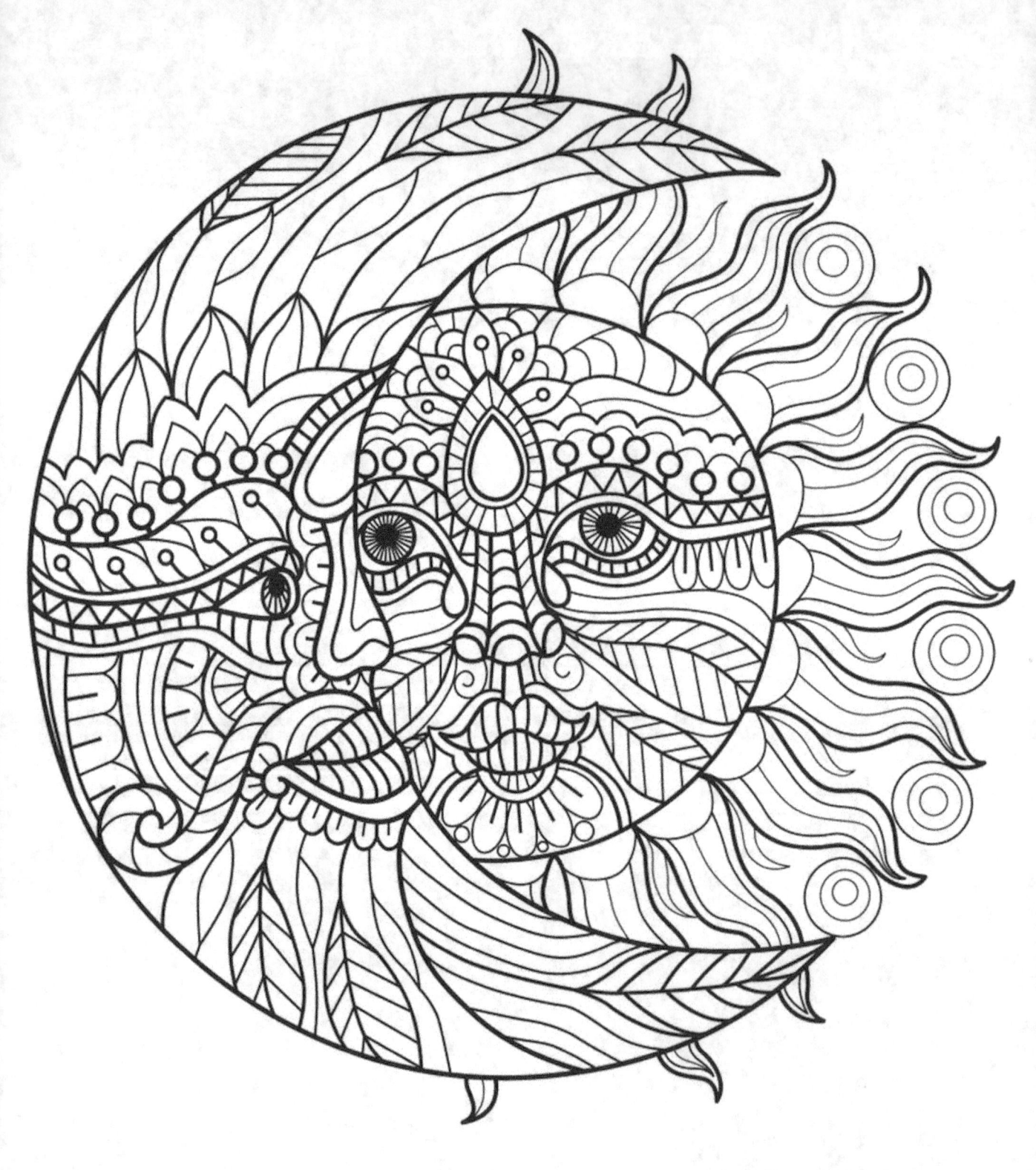

Färbe Diesen Mond

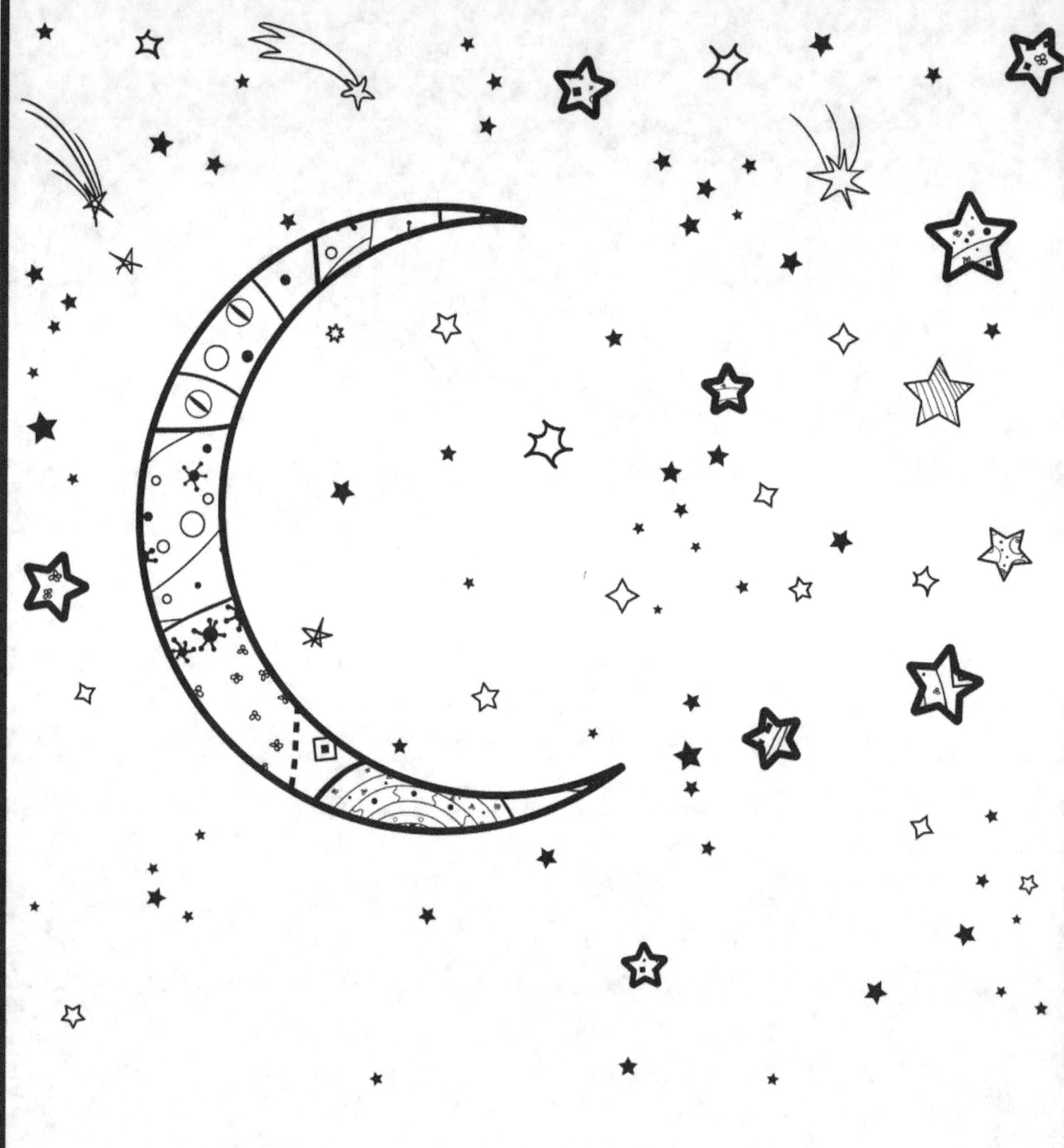

Färbe Diesen Mond

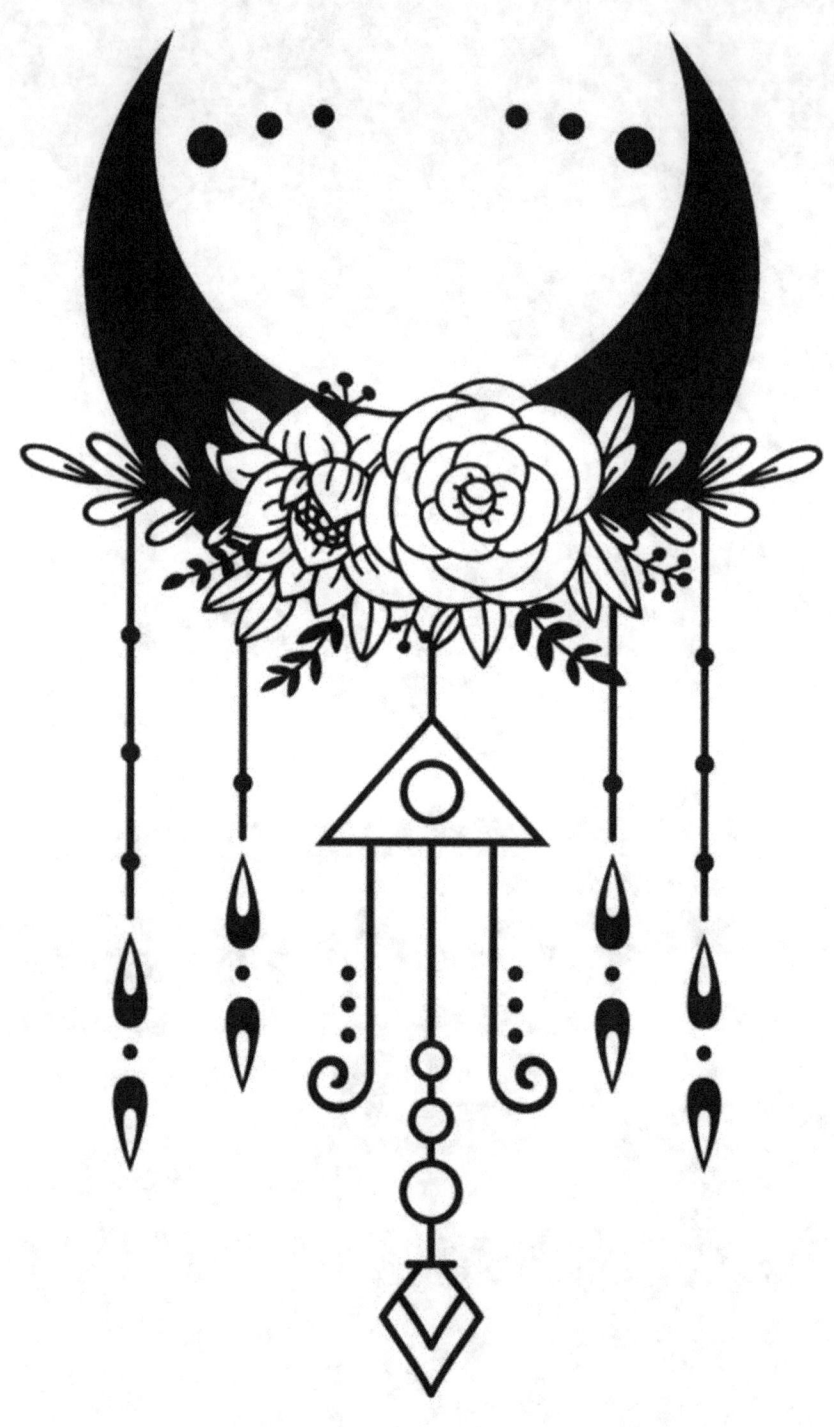

Färbe Diesen Mond

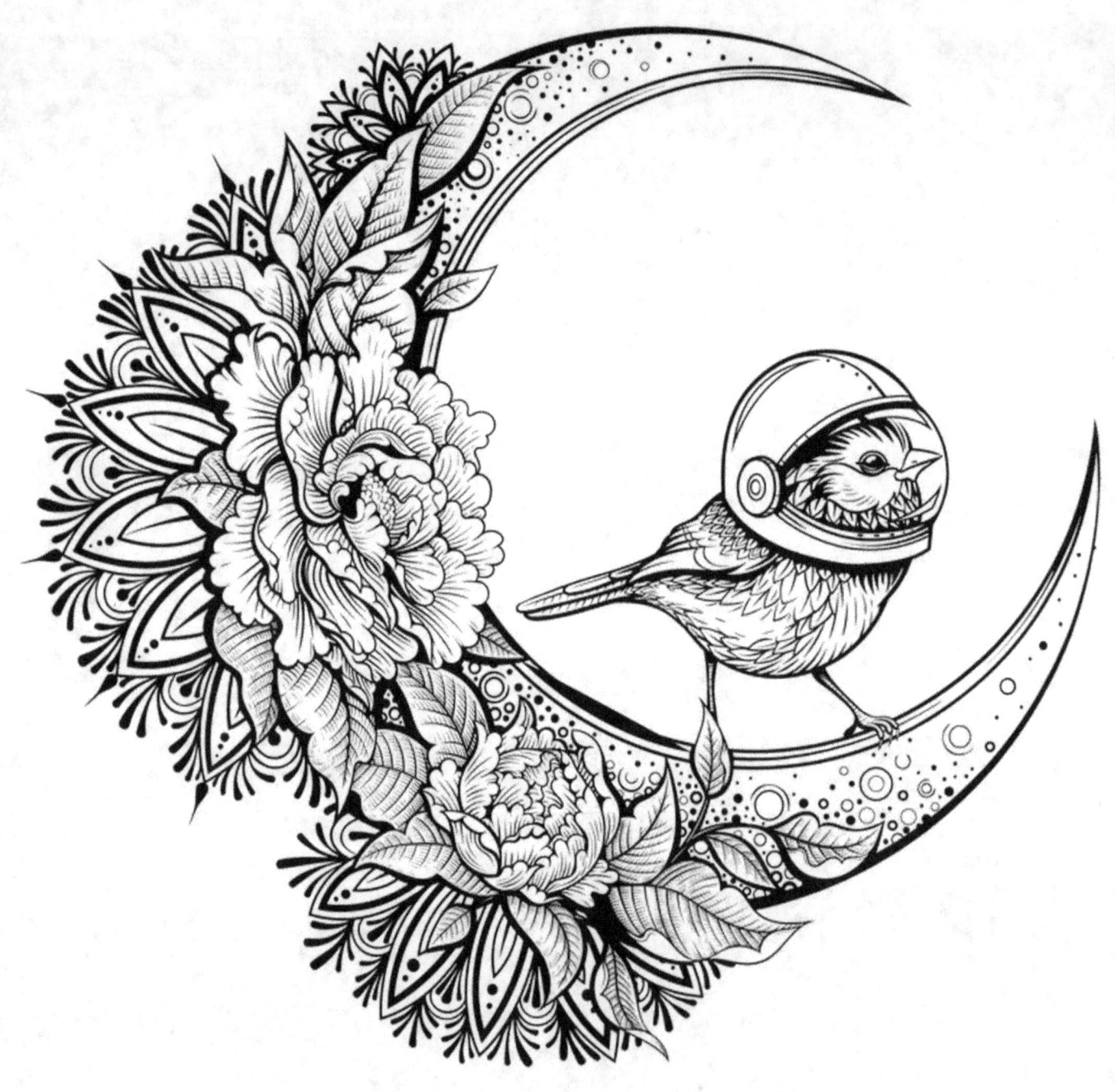

Färbe Diesen Mond

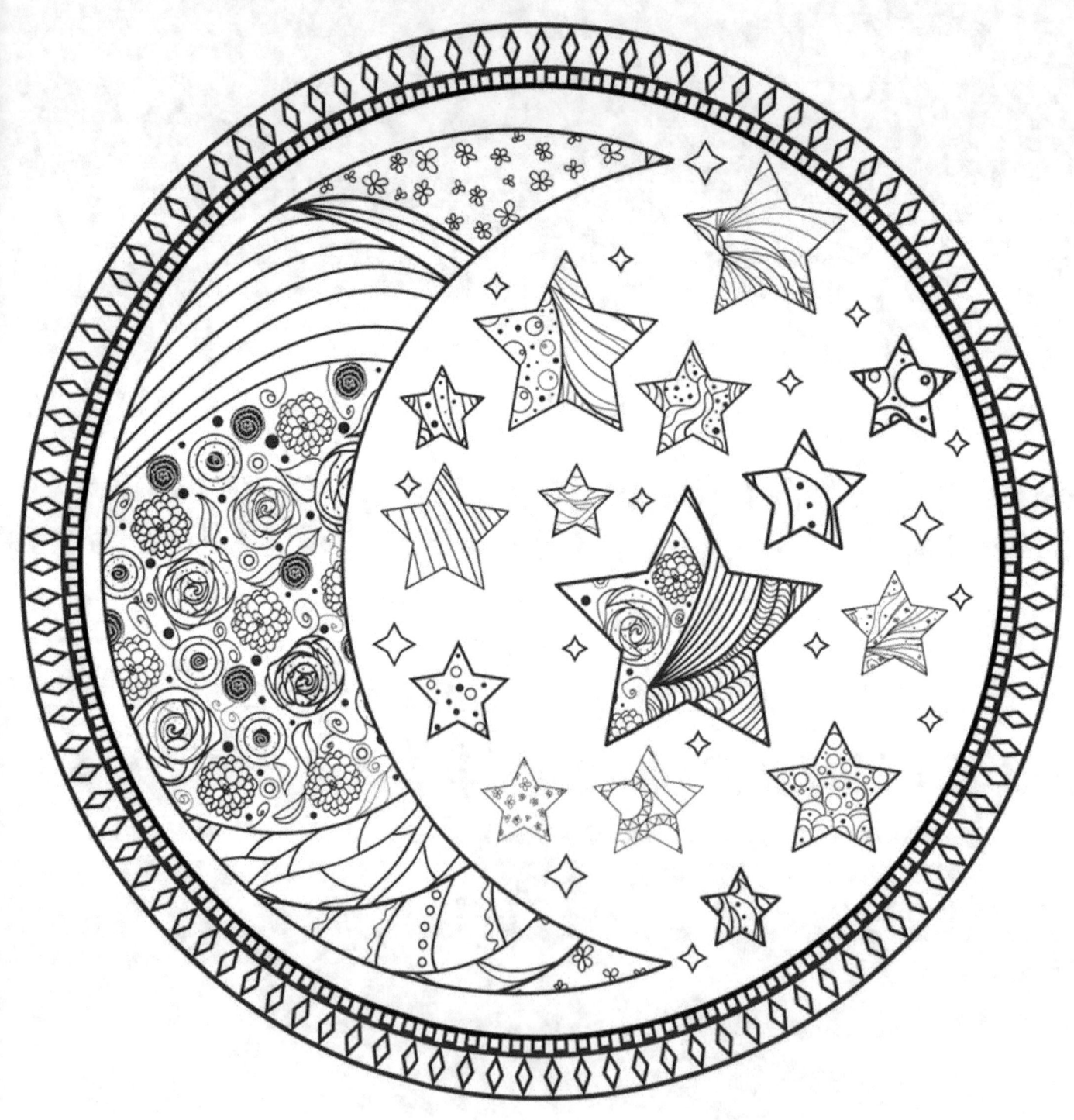

www.ingramcontent.com/pod-product-compliance
Lightning Source LLC
Chambersburg PA
CBHW080532220526
45465CB00006B/2676